Anne-Françoise de Chambrier

niveau 2

Décodi

Méthode pour enseigner la lecture aux élèves avec une déficience intellectuelle

RETZ
editions-retz.com

Les droits d'auteurs sont intégralement reversés
à des associations caritatives.

Remerciements

Je remercie vivement Anouck Horisberger, collaboratrice sur le projet Décodi, pour sa précieuse aide à l'élaboration des supports de lecture. Je remercie également chaleureusement Anne-Laure Linder, Rachel Sermier Dessemontet, Catherine Martinet, Natalina Meuli et Megan Geyer, membres de l'équipe de recherche ELODI, pour leurs précieux conseils.

Anne-Françoise de Chambrier est professeure à l'Unité d'Enseignement et de Recherche de Pédagogie Spécialisée (UER PS) de la Haute École Pédagogique du canton de Vaud (Suisse).
Elle a travaillé comme orthophoniste-logopédiste avant de réaliser une thèse dans ce domaine. Ses travaux portent sur les dispositifs d'enseignement favorisant l'acquisition du langage écrit et des mathématiques pour les élèves rencontrant des difficultés d'apprentissage ou des troubles développementaux (troubles dys-, déficience intellectuelle).

Nous avons, dans cet ouvrage, opté pour la forme neutre « enseignant » afin de faciliter la lecture. « Enseignant » fait ici référence aux personnes qui relèvent du corps enseignant, dans sa pluralité de genres.

ISBN : 978-2-7256-4190-4

Dépôt légal : juin 2022

Sommaire

Introduction

La **méthode *Décodi*** est destinée à enseigner la lecture aux élèves ayant une déficience intellectuelle dite moyenne. Elle est le fruit d'une recherche scientifique ayant démontré son efficacité. Cette méthode vise à développer de manière très progressive les compétences et les connaissances de ces élèves en conscience phonologique, en correspondances graphèmes-phonèmes, en décodage, en vocabulaire, en fluence et en compréhension de l'écrit. Le versant de la production écrite est également abordé (calligraphie, encodage, étude de la langue) mais dans une moindre mesure. La méthode s'inscrit dans une démarche d'enseignement explicite : l'enseignant est guidé, les apprentissages sont organisés de façon progressive et des révisions sont proposées de manière fréquente et cumulative. La méthode recourt également à d'autres stratégies d'enseignement connues pour convenir aux élèves ayant une déficience intellectuelle, telles que l'utilisation de feedbacks correctifs systématiques, la technique du délai constant et un système d'étayage gradué (*cf.* présentation du niveau 1). Afin de faciliter le travail de l'enseignant, un système de repérage visuel a été adopté : les passages en noir lui sont destinés et les passages en bleu – rédigés en s'inspirant des principes du langage facile à lire et à comprendre (FALC) – s'adressent aux élèves.

Les **leçons** de la méthode ***Décodi*** sont **organisées autour des correspondances graphèmes-phonèmes** introduites de manière progressive, selon leur fréquence et leur stabilité dans la langue. Le niveau 1 de la méthode est composé de cinq modules organisés autour des CGP a, r, u, i, l, o, f, é, j, v, b, ou, t, ch, m et p. Pour chacune de ces CGP, six leçons sont proposées (***Introduction de la CGP, Calligraphie, Remédiation de la CGP, Décodage, Encodage, Remédiation du décodage***). À la fin de chaque module est ensuite prévue une leçon de révision, reprenant les apprentissages centraux du module et introduisant quelques notions supplémentaires. Ce niveau 2 de la méthode est composé de 10 modules organisés autour de la cinquantaine de correspondances graphèmes-phonèmes restantes (*cf.* tableau récapitulatif ci-après). Quatre leçons sont proposées pour chacune de ces CGP (***Introduction, Calligraphie, Décodage, Encodage***) auxquelles s'ajoute la leçon de révision. Les leçons de remédiation ne sont plus proposées en tant que telles, partant du principe que les élèves avec lesquels ce niveau 2 est utilisé sont ceux qui ont réussi à acquérir l'essentiel des objectifs visés dans le niveau 1. Si nécessaire, l'enseignant pourra reprendre certaines activités de remédiation des CGP ou du décodage telles que proposées dans le niveau 1.

Les **leçons d'introduction** sont construites de la même manière que dans le niveau 1 : la nouvelle CGP est présentée, puis une activité de conscience phonémique est proposée, suite à quoi des activités de geste d'écriture sont réalisées. Ces leçons visent la mémorisation de la CGP étudiée. Étant donné que les CGP sont introduites selon leur fréquence et leur stabilité dans la langue, **le niveau 2 aborde des graphèmes plus ardus** que le niveau 1, comme c'est le cas des graphèmes complexes (qu, ai-ei, ain-aim, euil...) ou des graphèmes contextuels (c, g, e, on-om, en-em-an-am, in-im, ain-aim, ein...). Lorsque de tels graphèmes sont présentés, leur fonctionnement est clairement explicité et les prérequis sont introduits en amont. Par exemple, les notions de consonne et de voyelle sont abordées avant la leçon de décodage du graphème s puis sont réactivées dans les leçons portant sur les on-om, en-em-an-am, etc. De manière générale, pour les graphèmes auxquels deux phonèmes correspondent selon des règles de conversion systématiques, comme c'est le cas du s, du c ou du g, les élèves sont d'abord amenés à décoder des mots contenant le cas de figure le plus fréquent (par exemple, le c qui fait /k/), pour ensuite décoder des mots contenant l'autre cas de figure (par exemple, le c qui fait /s/). Pour certains graphèmes dont le fonctionnement est moins régulier – comme le e faisant /è/ dans veste mais /œu/ dans requin ou ressource), il est proposé de présenter aux élèves les deux sons auxquels ce graphème peut correspondre, de les laisser décoder les mots le contenant, et de leur fournir un feedback correctif si nécessaire (par exemple, si un enfant dit /rènard/, lui préciser qu'on dit /renard/). Ainsi, si la méthode ***Décodi*** vise dans son ensemble un enseignement de la lecture par assemblage (*cf.* modèle à deux voies, p. 9, niveau 1), il s'agit pour certains cas de figure peu consistants d'inciter les élèves à procéder à une lecture par adressage. Enfin, comme dans le niveau 1, ces leçons d'introduction se terminent par des activités d'écriture, qui sont ensuite prolongées dans les leçons de calligraphie.

Modules	Correspondances graphèmes-phonèmes abordées
Module 6	ss, n, è-ë-ê
Module 7	s, on-om, d
Module 8	en-em-an-am, qu, oi
Module 9	e, er-ez-et en fin de mot, in-im
Module 10	ai-ei, c-ç, au-eau
Module 11	g-gu, eu-eur, z
Module 12	gn, y, k, ph, x
Module 13	ain-aim-ein, oin, ien, un
Module 14	ill, ail, eil, ouil, euil
Module 15	tion-tien, w, h

Dans les leçons de **décodage**, les élèves sont d'abord amenés à lire des **mots** contenant la dernière correspondance graphème-phonème étudiée. Les mots choisis sont des mots déchiffrables à tel stade de la méthode. Plusieurs activités de lecture de mots sont proposées pour inciter les élèves à lire plusieurs fois chaque mot et ainsi acquérir plus d'aisance. Les élèves sont invités, comme à la fin du niveau 1, à associer certains mots à leur image, à mettre d'autres mots dans des phrases, puis à trier des mots en fonction de leur catégorie grammaticale. Ils sont également incités à lire des groupes de mots ainsi que des phrases, sur la base desquels ils effectuent des activités de tri et d'analyse en fonction des **notions grammaticales** abordées (nom, verbe, adjectif ; féminin, masculin ; singulier, pluriel ; sujet du verbe). Ces apprentissages grammaticaux visent essentiellement à expliquer la présence des certaines lettres en fin de mot. Partant du principe que lire des petites histoires est plus motivant que lire des mots, les leçons de décodage se poursuivent par des lectures de **textes** contenant plusieurs mots de la leçon. Étant donné les compétences de transfert et de déduction généralement limitées des élèves auxquels la méthode ***Décodi*** s'adresse (Allor *et al.*, 2009), les textes sont rédigés de manière à être très largement **déchiffrables** en fonction des correspondances graphèmes-phonèmes abordées précédemment. Lorsque certaines correspondances graphèmes-phonèmes sont inclues dans ces textes alors qu'elles n'ont pas encore été étudiées, elles sont soulignées, pour signaler à l'enseignant d'aider les élèves si nécessaire. Il est toutefois possible que des élèves connaissent des correspondances graphèmes-phonèmes qui sont abordées plus tard dans la méthode, voire que certains d'entre eux parviennent à déchiffrer des mots contenant des correspondances graphèmes-phonèmes qu'ils ne connaissent pas encore. Dans ces cas, l'enseignant pourra naturellement adapter le rythme d'avancée dans la méthode ou proposer des mots et des textes provenant d'autres sources. Les différents supports de lecture (cartes-lettres, cartes-mots, mots-outils, cartes-textes) nécessaires aux activités prévues dans les leçons sont réunis dans le **livret de lecture** qui figure dans les ressources numériques. Ces supports sont destinés à être plastifiés et découpés, notamment pour les différentes activités d'association et de tri.

Au début de ce niveau 2, la composition des textes est donc limitée par la quantité de correspondances graphèmes-phonèmes étudiées. **Ces textes deviennent toutefois plus longs et plus riches au fur et à mesure** des nouvelles correspondances graphèmes-phonèmes introduites. Les élèves sont par exemple progressivement amenés à lire des adaptations de contes (par exemple, *La Belle au bois dormant*, *Le joueur de flute*, *Les habits du roi*) ou des informations sur des animaux, des lieux ou encore des personnages historiques. Étant donné la pertinence des structures de texte dans la compréhension et la production de l'écrit (Allor *et al.*, 2009 ; Dymock, 2005), les élèves sont sensibilisés aux différents **types de textes** abordés dans la méthode, c'est-à-dire essentiellement aux textes narratifs et informatifs. Il est ainsi expliqué aux élèves que certains textes racontent une histoire alors que d'autres permettent d'apprendre des choses sur un sujet. Puis, parce qu'il est recommandé de ne pas attendre que les élèves soient bons décodeurs pour travailler la compréhension de l'écrit (Cèbe & Paour, 2012 ; Chatenoud *et al.*, 2017), les textes proposés sont l'objet d'activités de **compréhension** de leur contenu. En continuité avec les activités du niveau 1, deux illustrations sont proposées pour les textes des deux premiers modules, entre lesquelles les élèves doivent choisir celle qui correspond au sens du texte lu. L'enseignant est également invité à poser des questions aux élèves pour les aider à développer des stratégies de compréhension (Allor *et al.*, 2009 ; Bianco, 2019 ; Cèbe & Paour, 2012 ; Chatenoud *et al.*, 2017). Il s'agit par exemple de les inciter à identifier les personnages, les actions et les lieux, à interpréter les pensées ou émotions des personnages, ou à prédire la suite de l'histoire pour les textes narratifs ; de résumer ce qui a été appris sur le thème abordé pour les textes informatifs ; de les encourager à deviner le sens de mots inconnus, à interpréter les reprises anaphoriques[1] et les connecteurs, ou à effectuer des inférences[2] pour tous les types de textes. Rappelons toutefois que l'objectif prioritaire de la méthode ***Décodi*** est l'enseignement du décodage. Ainsi, les utilisateurs trouveront dans d'autres sources des informations plus spécifiques sur le développement de la compréhension de l'écrit auprès d'élèves avec une déficience intellectuelle (Cèbe & Paour, 2012 ; Chatenoud *et al.*, 2017).

Les textes des leçons sont ensuite utilisés comme support à un entrainement de la **fluence** en lecture (Pourchet & Zorman, 2018). La fluence se définit comme la capacité à lire un texte avec exactitude, rapidité et expression (Chard, Vaugh & Tyler, 2002). Une lecture fluide permet au lecteur de libérer des ressources attentionnelles au profit de la compréhension d'un texte. Chez les élèves au développement typique ou présentant un trouble spécifique d'apprentissage de la lecture, le dispositif de lecture répétée – consistant à faire lire aux élèves plusieurs fois un même texte en leur fournissant un feedback sur leurs performances – permet d'augmenter la fluence en lecture, de favoriser la reconnaissance des mots par adressage, de les familiariser avec différentes structures de phrases et de développer la compréhension de l'écrit (Chard *et al.*, 2009 ; Lee & Yoon, 2017 ; Therrien, 2004). Des résultats positifs sur l'entrainement de la fluence ont également été mis en évidence auprès d'individus avec une déficience intellectuelle (Chatenoud *et al.*, 2017 ; Hua *et al.*, 2018 ; Strickland, Boon & Mason, 2020).

Les **leçons d'encodage** sont pour leur part conçues comme celles du niveau 1. Après la réactivation des correspondances graphèmes-phonèmes étudiées et l'allongement des sons dans des mots si nécessaire, les élèves sont invités à écrire des mots à l'aide de lettres mobiles. Ils sont ensuite renvoyés à leur cahier d'écriture pour des activités de calligraphie, d'encodage, de lecture et d'écriture sous dictée.

Rappelons qu'au-delà des nombreux mots pouvant être lus, en français, par des règles de conversion de graphèmes en phonèmes, certains ne se satisfont pas de pareilles règles. C'est la raison pour laquelle une liste de **cas de figure spéciaux** se trouve à la suite du dernier module de la méthode. Y sont d'une part listés des mots irréguliers, c'est-à-dire des mots dont la lecture

1 Une reprise anaphorique est un mot ou un syntagme qui assure la reprise sémantique d'un segment précédent (nommé l'antécédent) dans un but de cohérence textuelle. Les reprises anaphoriques sont assurées, essentiellement, par des pronoms (le hibou… il/celui-ci) ou par des syntagmes synonymes (le hibou… cet animal nocturne/ce dernier).

2 L'inférence est une opération de déduction qui consiste à rendre explicite une information qui n'est qu'évoquée ou supposée à partir d'indices dans le texte. Par exemple, dans la phrase « Après avoir écouté la météo, Miranda cherche son parapluie », le lecteur peut déduire que de la pluie a été annoncée à la météo.

ne suit pas les règles de conversion étudiées (par exemple, femme, monsieur, soixante...). Cette liste propose également des graphèmes figurant dans si peu de mots qu'il vaut mieux apprendre à lire ces mots plutôt qu'une règle de conversion (paon, pied, symbole). Enfin, les utilisateurs trouveront également dans cette liste des précisions sur certains graphèmes, notamment en ce qui concerne les consonnes finales. L'enseignant pourra introduire ces particularités au moment qu'il juge opportun.

Précisons encore que **les couleurs utilisées dans la méthode *Décodi*** (le noir pour les graphèmes simples, le gris pour les graphèmes muets, le violet pour les graphèmes complexes, le bleu pour les mots-outils) visent à aider les élèves à identifier des unités pertinentes lors de la lecture. Ces couleurs sont toutefois **destinées à être estompées au fur et à mesure**, pour progressivement les amener à pouvoir lire des textes provenant de toutes sortes de sources. Ceci est d'autant plus vrai que pour certains mots composés de plusieurs graphèmes complexes (douche, dauphin...), la succession de graphèmes violets n'est pas des plus aidantes pour savoir quelles lettres il s'agit de lire ensemble. De même, certains mots-outils sont écrits en bleu à un moment de la méthode parce que les élèves ne connaissent pas encore toutes les lettres qui les composent (par exemple, sur, mais...) alors qu'un peu plus tard dans la méthode ces mots pourraient tout à fait être décodés. Toutefois, étant donné qu'il est difficile de savoir à l'avance à quel moment cet étayage peut être estompé pour tel élève, il a été décidé de laisser les couleurs jusqu'à la fin de la méthode. Il sera en effet plus facile pour l'enseignant d'imprimer ou de copier-coller les supports en noir sur blanc que de réécrire des supports avec les couleurs de la méthode. L'enseignant est donc encouragé à essayer ponctuellement de présenter à ses élèves les supports de lecture en noir sur blanc, pour voir s'ils peuvent se passer de ces indices. Ces tentatives peuvent par exemple être faites dans les activités de fluence : un texte peut être lu une première fois avec les couleurs de la méthode puis être proposé en noir sur blanc pour les relectures. Cet estompage peut également être essayé dans les activités de création de phrases, dans lesquelles l'enseignant est invité à écrire des phrases que les élèves sont censés pouvoir lire, et qui peuvent donc être écrites sans reprendre les couleurs de la méthode.

Pour finir, rappelons que si la méthode ***Décodi*** se veut clé en main, **l'expertise de l'enseignant** y est capitale pour effectuer certaines adaptations. Par exemple, dans les leçons de révision de fin de module, l'enseignant choisira les mots que les élèves ont besoin de réviser en fonction de leurs performances précédentes. Par ailleurs, c'est à la fois pour susciter la motivation des élèves et pour ne pas risquer de sous-estimer leurs compétences que l'objectif de leur faire rapidement lire des textes a été posé. Si toutefois des textes s'avéraient être trop complexes pour certains, l'enseignant pourra – en tout cas momentanément – mettre l'accent sur la lecture des mots les plus fréquents ainsi que sur la lecture de phrases et de textes simples et familiers.

Références bibliographiques

Allor J.H., Mathes P.G., Champlin T. & Cheatham J.P. (2009), "Research-based techniques for teaching early reading skills to students with intellectual disabilities", *Education and Training in Developmental Disabilities*, 44 (3), p. 356-366

Bianco M. (2019), « Vers un enseignement de la compréhension des textes », dans A. Bentolila & B. Germain (Eds), *L'Apprentissage de la lecture*, Paris, Nathan, p. 129-143

Cèbe S. & Paour J.-L. (2012), « Apprendre à lire aux élèves avec une déficience intellectuelle », *Le français aujourd'hui*, 177 (2), p. 41

Chard D.J., Ketterlin-Geller L.R., Baker S.K., Doabler C. & Apichatabutra C. (2009), "Repeated Reading Interventions for Students with Learning Disabilities: Status of the Evidence", *Exceptional Children*, 75 (3), p. 263-281

Chard D.J., Vaughn S. & Tyler B.J. (2002), "A synthesis of research on effective interventions for building reading fluency with elementary students with learning disabilities", *Journal of Learning Disabilities*, 35 (5), p. 386-406

Chatenoud C., Turcotte C., Aldama R. & Godbout M.-J. (2017), *Guide pédagogique : enseignement de la compréhension en lecture auprès des élèves ayant une déficience intellectuelle*, téléchargeable sur :
https://www.researchgate.net/publication/321193832_Guide_pedagogique_enseignement_de_la_comprehension_en_lecture_aupres_des_eleves_ayant_une_deficience_intellectuelle

Dymock S. (2005), "Teaching Expository Text Structure Awareness", *The Reading Teacher*, 59 (2), p. 177-181

Hua Y., Yuan C., Monroe K., Hinzman M., Alqahtani S., Alwahbi A. & Kern A. (2018), "Effects of the reread-adapt and answer-comprehend and goal setting intervention on decoding and reading comprehension skills of young adults with intellectual disabilities", *Developmental Neurorehabilitation*, 21 (5), p. 279-289

Lee J. & Yoon S.Y. (2017), "The Effects of Repeated Reading on Reading Fluency for Students With Reading Disabilities : A Meta-Analysis", *Journal of Learning Disabilities*, 50 (2), p. 213-224

Strickland W.D., Boon R.T. & Mason L.L. (2020), "The Use of Repeated Reading with Systematic Error Correction for Elementary Students with Mild Intellectual Disability and Other Comorbid Disorders : A Systematic Replication Study", *Journal of Developmental and Physical Disabilities*, 32, p. 755-774

Therrien W.J. (2004), "Fluency and Comprehension Gains as a Result of Repeated Reading", *Remedial and Special Education*, 25, p. 252-261

Zorman M., Lequette C., Pouget G., Devau, M.-F., Savin H. (2008), « Entraînement de la fluence de lecture pour les élèves de 6e en difficulté de lecture », *ANAE*, 96-97, p. 213-220

module 6

Les graphèmes « ss », « n », « è-ë-ê »

plan du module

Le graphème « ss »
Le graphème « n »
Les graphèmes « è-ë-ê »

matériel

matériel collectif

- Les pages-graphèmes ss, n-N, è-ë-ê-Ê
- Le livret de lecture
- Des cartes pour les activités de tri
- Les illustrations des phrases
- Des cartes-images
- Des cartes-flèches
- Des pièces de LEGO®
- Des smileys

matériel individuel par élève

- Des modèles de lettres ss, n-N, è-ë-ê-Ê en gris
- Un feutre effaçable
- Un crayon ou stylo
- Un cahier d'écriture

Introduire la CGP

1 Annonce de l'objectif de la leçon

Annoncer aux élèves qu'ils vont apprendre/revoir un nouveau groupe de lettres.

2 Introduction de la correspondance graphème « ss » - phonème /s/

Matériel
- Trois images de mots se terminant par /s/ (p.e. tasse, saucisse, brosse)
- La page-graphème ss

ss

- Montrer trois images se terminant par /s/, les prononcer en allongeant légèrement le /s/, et demander aux élèves quel son on entend à la fin de ces mots.

- Montrer la page-graphème aux élèves et leur expliquer : Le son /s/ peut s'écrire avec ces deux lettres, deux s, comme dans tasse et dans brosse (montrer les images successivement).

3 Tâche de conscience phonémique : localisation du phonème

Matériel
- Les cartes-images bassine, chasseur, poussière, brosse, carrosse, maitresse, tasse, tresse, abeille, culotte, feu
- Une carte-flèche

- Prendre la carte-flèche et expliquer : On va continuer à écouter les sons dans les mots mais on va changer un peu l'exercice. On va dire si on entend le /s/ au début, au milieu ou à la fin du mot (montrer successivement le début, le milieu et la fin de la flèche). Attention, il y a quelques pièges, il y a des mots dans lesquels on n'entend pas de /s/.

- Modeler sur un mot se terminant par /s/ : prendre la carte-image carrosse et la mettre au-dessus de la carte-flèche de manière à ce que les élèves les voient à l'endroit. Prononcer le mot lentement, en avançant avec le doigt sur la flèche. Recommencer. Dans carrosse, on entend /s/ à la fin du mot (montrer la fin de la flèche).

- Modeler sur un mot contenant le /s/ au milieu : prendre la carte-image chasseur et la mettre au-dessus de la carte-flèche. Prononcer le mot lentement, en avançant avec le doigt sur la flèche. Recommencer. Dans chasseur, on entend /s/ au milieu du mot (montrer le milieu de la flèche).

- Modeler sur un mot ne contenant pas de /s/ : mettre la carte-image abeille au-dessus de la carte-flèche. Prononcer le mot lentement, en avançant avec le doigt sur la flèche. Recommencer. Dans abeille, on n'entend pas de /s/.

- Mélanger les cartes et interroger les élèves à tour de rôle en prononçant les mots lentement et en leur demandant si on entend /s/ au début, au milieu ou à la fin du mot (montrer successivement les endroits sur la flèche). Étayer autant que nécessaire, par exemple en répétant le mot plus lentement et en accentuant le /s/. Demander aux élèves de montrer (ou de nommer) l'endroit sur la flèche et utiliser la procédure de feedback.

Feedback

4 Apprentissage du geste d'écriture avec le doigt sur le modèle en gris

Matériel
- La page-graphème ss
- Le modèle des lettres ss en gris par élève

Matériel optionnel-récompense
Deux smileys par élève

- Montrer la page-graphème aux élèves, nommer les deux s minuscules et leur annoncer qu'ils vont s'entrainer à les écrire.

- Prendre le modèle en gris et montrer le geste d'écriture. Recommencer en prononçant le son correspondant.

• Demander aux élèves de faire le geste environ cinq fois en disant le son en même temps.

• Fournir des aides si nécessaire (de la moins à la plus intrusive : aide verbale, démonstration sur la feuille...). Si un élève n'arrive pas à faire le geste seul, le faire avec lui en guidance physique et lui demander de prononcer le son en même temps.

• Option récompense : donner un smiley si cinq tracés sont corrects.

Feedback

5 Synthèse

Féliciter les élèves et synthétiser les apprentissages effectués pendant la leçon, par exemple en montrant la page-graphème.

Après avoir répété si nécessaire cette leçon ***Introduire la CGP «ss»***, passer à la leçon ***Calligraphie*** (ci-après) avec les élèves dont les capacités motrices rendent la tenue du crayon possible.

Calligraphie

Matériel
- La page-graphème ss
- Le modèle des lettres ss en gris par élève
- Un feutre effaçable, un crayon, un cahier par élève

1 Annonce de l'objectif de la leçon

Aujourd'hui, on va s'entrainer à écrire les deux s. Montrer la page-graphème.

2 Apprentissage du geste d'écriture avec le feutre avec puis sans modèle

• Prendre un modèle en gris et montrer le geste d'écriture en verbalisant la procédure (Je commence au point, je suis les flèches...). Recommencer en prononçant le phonème correspondant.

• Distribuer une feuille plastifiée avec le modèle en gris ainsi qu'un feutre effaçable à chaque élève. Demander aux élèves d'écrire les lettres en prononçant le son. Contrôler la façon dont ils tiennent leur feutre. Leur demander de faire le geste environ trois fois en disant le son en même temps.

• Demander aux élèves de tourner la feuille plastifiée et d'écrire les lettres avec le feutre sans modèle.

• Option récompense : donner un smiley si cinq tracés sont corrects.

• Distribuer les cahiers d'écriture et demander aux élèves d'écrire les lettres dans le cahier.

• Si nécessaire, fournir des aides de la moins à la plus intrusive.

Feedback

3 Synthèse

Féliciter les élèves et synthétiser les apprentissages effectués pendant la leçon, en montrant la page-graphème.

4 Évaluation formative

- Montrer la carte-lettre à l'élève et lui demander quel son font ces lettres.
- Si l'élève réussit l'évaluation, passer à la leçon ***Décodage*** (ci-après).
- Si l'élève ne réussit pas l'évaluation, faire une leçon ***Remédiation de la CGP***, sur la base des leçons précédentes de remédiation des CGP et selon ce qui a bien convenu à l'élève jusque-là (geste d'écriture, dé des graphèmes, memory des graphèmes, tapette à mouche, récompenses, *cf. Décodi niveau* 1).
- Passer à la leçon ***Décodage*** (ci-après) quand la CGP « ss » est mémorisée, que l'élève soit capable de dire le son correspondant au graphème (évaluation orale) ou de montrer le bon graphème parmi quatre (évaluation par pointage).

Matériel
- La carte-lettre ss
- Si nécessaire, trois autres cartes-lettres pour une évaluation par pointage

Décodage

1 Annonce de l'objectif de la leçon

Annoncer aux élèves qu'ils vont s'entrainer à lire des mots et des textes avec les deux s.

2 Répétition optionnelle des prérequis au décodage

- Réviser certaines CGP en lançant le dé à tour de rôle et en disant le son correspondant au graphème apparu.
- S'entrainer à fusionner le phonème /s/ avec d'autres phonèmes : montrer les pièces de LEGO® en prononçant successivement les sons des mots (bosse, brosse, mousse, tasse, trousse). Accrocher les pièces de LEGO® et demander aux élèves de fusionner les sons pour former les mots. Mettre en évidence le sens des mots à l'aide des cartes-images.

Matériel
- Un dé sur les faces duquel on inscrit 6 graphèmes à réviser (dont le ss)
- Les cartes-images bosse, brosse, mousse, tasse, trousse
- Quatre pièces de LEGO®

Feedback

3 Décodage

- Si les élèves sont capables de décoder les mots directement eux-mêmes, les laisser faire en leur donnant chacun leur tour un mot à décoder.
- S'ils ont besoin d'étayage, adapter les aides en fonction des besoins des élèves : modeler la procédure de décodage en deux étapes (dire le phonème correspondant à chaque graphème puis assembler les phonèmes en suivant avec le doigt) et les inciter à l'utiliser ; procéder syllabe par syllabe (en cachant momentanément l'autre/les autres) ; rappeler que les lettres en gris ne font pas de son dans tel mot...
- Mettre régulièrement en évidence le sens des mots, en montrant les cartes-images, en donnant des explications ou en mettant les mots dans des phrases (par exemple : Avoir la frousse, c'est avoir peur. Par exemple, j'ai la frousse des araignées).

Matériel
- Les cartes-mots de la CGP ss du livret de lecture
- Les cartes-images fossé, brosse, mousse, bosse, tissu, tasse, trousse

Feedback

4 Lire des mots-outils

Révision de mots-outils déjà appris

• Rappeler que certains mots doivent être reconnus en entier, parce que parfois ça ne marche pas de dire le son de chaque lettre, ou parce qu'on ne connait pas encore le son de toutes les lettres du mot. C'est pour cela que ces mots sont écrits en bleu.

• Prendre la carte-mot d'un mot-outil à réviser et modeler la procédure d'identification de ce mot (dire le nom des lettres successivement en les pointant, entourer le mot avec le doigt et dire le mot correspondant). Mettre en évidence le sens du mot. Si nécessaire, répéter la procédure.

• Procéder de la même manière avec l'autre mot-outil à réviser.

Matériel
- Les cartes-mots des mots à réviser : du, et
- Les cartes-mots des nouveaux mots à apprendre : C'est, qui, ne

Feedback

Apprentissage des nouveaux mots-outils utilisés dans les phrases

• Prendre la carte-mot C'est et modeler la procédure d'identification (dire le nom des lettres successivement en les pointant, entourer le mot avec le doigt et dire le mot correspondant). Mettre en évidence le sens du mot. Si nécessaire, répéter la procédure. Procéder de la même manière avec qui et ne.

• Mélanger ensuite les cinq cartes-mots, en prendre une au hasard et entrainer la rétention des suites de lettres composant ces mots : On regarde bien ce mot. Attention : 3-2-1, je le retourne (retourner la carte) et on essaie de me dire quel mot était écrit. Interroger chaque élève individuellement : *Prénom*, quel mot ? (si l'élève donne la succession de lettres : Très bien, et ça fait quel mot ? Si l'élève donne le mot : Bravo, et il s'écrit avec quelles lettres ?). On vérifie en regardant le mot (retourner la carte face visible). Passer à un autre mot avec un autre élève : On regarde bien ce mot, attention : 3-2-1, je le retourne. *Prénom*, quel mot ?

• Interroger ainsi individuellement chaque élève sur chaque mot. Ne pas oublier de mettre régulièrement en évidence le sens des mots.

Feedback

5 S'entrainer à lire plusieurs fois chaque mot

Apparier un mot écrit à son image

• Prendre les cartes-mots fossé, brosse, mousse, bosse, rat, homme, tissu, tasse, trousse, les mélanger et les mettre en pile, face cachée, au milieu de la table. Prendre les cartes-images et les disperser sur la table, face visible. Modeler la lecture du mot et l'association avec la bonne image sur le premier mot de la pile puis interroger les élèves à tour de rôle.

• Lorsqu'un mot peut avoir différentes significations, ou lorsque l'orthographe du mot en détermine le sens, l'expliquer aux élèves. Par exemple. : Bosse, ça peut vouloir dire une bosse (montrer l'image), ou ça peut être le verbe bosser, par exemple on bosse beaucoup, ça veut dire on travaille beaucoup.

Matériel
- Les cartes-mots de la CGP ss du livret de lecture ainsi que quelques mots des leçons précédentes (p.e. lire, homme, rat)
- Les mêmes cartes-images que ci-dessus ainsi que les cartes-images des mots supplémentaires (p.e. homme, rat)
- Les cartes-mots C'est, qui, ne

Feedback

Mettre des mots dans une phrase orale (notamment pour les mots pas/peu imageables, dont les mots-outils)

• Prendre les cartes-mots chasse, frousse, passé, assis, rousse, lisse, rassure, passent, lire, pousse, tousse, papa, C'est, qui, ne, les mélanger et les mettre en pile, face cachée, au milieu de la table. Annoncer aux élèves qu'à tour de rôle, ils vont tirer un mot, le lire, puis l'expliquer ou le mettre dans une phrase.

• Modeler sur un mot déchiffrable et sur un mot-outil, en rappelant les procédures d'identification correspondantes (pour les mots déchiffrables : dire les phonèmes correspondant aux graphèmes en suivant avec le doigt sous le mot ; pour les mots-outils : entourer le mot avec le doigt et dire le mot correspondant) puis en mettant le mot dans une phrase ou en l'expliquant.

• Les élèves procèdent ensuite de la même manière chacun leur tour.

• S'il est trop difficile pour certains élèves de mettre eux-mêmes les mots dans des phrases, l'enseignant ou les autres élèves peuvent le faire pour eux. L'objectif prioritaire est que les élèves s'entrainent à lire les mots et qu'ils y associent du sens.

• Lorsqu'un mot peut avoir différentes significations, ou lorsque l'orthographe du mot en détermine le sens, expliquer aux élèves. Par exemple : Pousse peut vouloir dire deux choses. Ça peut vouloir dire une plante qui pousse, qui grandit ; ou alors un enfant qui pousse un copain, par exemple qui essaie de le faire tomber (faire un geste).

Feedback

Trier des mots en fonction de leur déterminant masculin ou féminin

• Prendre une dizaine de cartes-mots de noms (par exemple, chasse, frousse, brosse, mousse, bosse, tasse, fossé, tissu, homme, rat) et les mettre en pile, face cachée. Mettre les cartes-mots le et un d'un côté de la table et la et une un peu plus loin sur la table.

• On va lire les mots. Ici (montrer le côté masculin), on va mettre les mots pour lesquels on dit le ou un, c'est-à-dire les noms masculins, comme par exemple le vélo, un ballon, le hibou. Ici (montrer le côté féminin), on va mettre les mots pour lesquels on dit la ou une, c'est-à-dire les noms féminins, comme par exemple la voiture, une boule, la fée.

• Je vous montre un exemple. Prendre le premier mot de la pile, le lire et le mettre du bon côté, par exemple : /brosse/, on dit une brosse, pas un brosse, alors je le mets du côté féminin, la (montrer la) ou une (montrer une) brosse. Modeler sur deux autres mots.

• Interroger les élèves à tour de rôle. Leur demander de lire le mot et leur fournir tout l'étayage nécessaire pour le classement des mots en fonction de leur déterminant (objectif secondaire) pour que l'activité ne soit pas trop complexe.

Feedback

6 Lire un texte court

Matériel
- Les cartes-textes :
  - C'est la chasse
  - Le chat de Mélissa
  - Mélissa se lave
- Les deux illustrations au choix pour chaque texte

Lire un texte court avec plus ou moins d'étayage

• Annoncer aux élèves qu'avec tous les mots qu'ils connaissent, ils peuvent lire des textes qui racontent des histoires.

• Prendre une carte-texte : Vous vous souvenez, dans une phrase, il y a plusieurs mots. Entre les mots, il y a des espaces (pointer les mots les uns après les autres, en montrant le sens de la lecture). Les phrases commencent par une majuscule et se terminent par un point (montrer la majuscule et le point de la première phrase). Vous vous souvenez, les points et les virgules ne font pas de son, c'est pour ça qu'ils sont écrits en gris, ils aident à savoir quand faire une pause. Dans un texte, il y a plusieurs phrases (montrer les différentes phrases avec majuscule au début et point à la fin). Dans ce texte, il y a des mots que vous pouvez lire en disant le son de chaque lettre (montrer des mots en noir et/ou gris), et des mots que vous devez lire en entier (montrer des mots écrits en bleu).

• Pour la carte-texte commençant par Mélissa se lave, préciser : Vous vous souvenez, ces signes-là, les guillemets (les montrer), veulent dire que c'est quelqu'un qui parle. Ici, il y a aussi deux points (les montrer). Ils annoncent une suite de phrase qui va donner des précisions.

• Prendre la première carte-texte et faire lire le texte aux élèves en différenciant en fonction de leur aisance et de leur plaisir (si les élèves sont capables de lire les mots assez facilement, leur donner la carte-texte et les laisser lire le texte à tour de rôle, en procédant si nécessaire à des aides de la moins à la plus intrusive ; si les élèves éprouvent des difficultés conséquentes à lire les mots sans étayage, fournir d'emblée un étayage important pour éviter qu'ils ne se découragent : par exemple, pointer une lettre et demander quel son elle fait, passer sous les lettres d'un mot déchiffrable avec le doigt, entourer un mot-outil, cacher les mots suivants et les découvrir au fur et à mesure…).

• Valider en relisant le texte fluidement avec l'intonation correspondante. Expliquer le sens de certains mots si nécessaire (par exemple : Vous vous souvenez, avoir la frousse, c'est avoir peur.). Montrer ensuite les deux illustrations aux élèves et leur demander de choisir celle qui correspond au texte qu'ils viennent de lire.

• Passer ensuite aux textes suivants.

Feedback

Compréhension d'un texte

• Prendre un texte et le relire fluidement pour que les élèves l'aient bien en tête. Poser ensuite des questions visant à développer des stratégies de compréhension de l'écrit (identifier les personnages, les actions, les lieux ; interpréter des reprises anaphoriques ; inférer les pensées/sentiments des personnages ; prédire la suite de l'histoire…).

Feedback

Création de phrases et notion de verbe

Matériel
Les cartes-mots de la leçon et quelques cartes-mots de leçons précédentes

Maintenant, on va inventer nous-mêmes des phrases. Par exemple : Les arbres poussent partout (créer une phrase avec les mots que les élèves peuvent lire jusque-là).

• Faire lire la phrase créée aux élèves avec plus ou moins d'étayage, en fonction de leur aisance et de leur plaisir. Relire ensuite la phrase fluidement et s'assurer que les élèves en ont bien compris le sens.

• Réviser la notion de verbe : Vous vous souvenez, dans les phrases, il y a toujours un verbe. Les verbes sont des mots qui expliquent ce qui est fait. Par exemple, dans cette phrase, les arbres font quoi (pointer le/les mots constituant le sujet et demander aux élèves de compléter) ? Ils *poussent*, donc le verbe, c'est pousser (dire le verbe à l'infinitif). Les verbes se disent avec les petits mots je, tu, il. Par exemple, je pousse, tu pousses, il pousse.

• Créer d'autres phrases et procéder de la même manière. Les élèves peuvent participer à la création des phrases.

Feedback

S'entrainer à lire des textes fluidement

• Expliquer aux élèves : Pour bien comprendre ce qu'on lit, c'est important de lire correctement, assez rapidement et avec la bonne intonation. La bonne intonation, ça veut dire qu'on fait des petites pauses quand il y a des virgules, qu'on descend un peu la voix et qu'on s'arrête quand il y a un point, qu'on monte un peu la voix quand il y a un point d'interrogation, etc. On va donc s'entrainer à lire plusieurs fois ces histoires (montrer les cartes-textes).

• Prendre une carte-texte. Lire le texte une première fois assez lentement, en suivant avec le doigt, avec une intonation adaptée et de courtes pauses en fonction des signes de ponctuation. Lire le texte une deuxième fois un peu plus rapidement, toujours en le suivant du doigt.

• Donner la même carte-texte à un élève et lui demander de lire le texte une première fois. Lui fournir un feedback sur la précision avec laquelle il a lu les mots du texte et sur l'intonation adoptée. Lui demander de relire une deuxième fois le texte un peu plus rapidement, et lui fournir à nouveau un feedback. Selon son plaisir, lui proposer de relire une troisième fois le texte encore un peu plus rapidement.

- Faire lire ainsi chaque texte à chaque élève.

- Dans le dispositif Fluence (Pourchet & Zorman, 2018 ; Lequette, Pourchet & Zorman, 2018), les enseignants sont invités à chronométrer les élèves lors de leurs lectures successives d'un même texte et à rapporter sur un graphique les scores en termes de mots correctement lus par minute. Le but est d'objectiver les progrès en précision et vitesse de lecture et de motiver les élèves à améliorer leurs performances. Le fait de chronométrer les élèves peut toutefois aussi les stresser voire amoindrir leur précision ou l'adéquation de leur intonation. Il appartient donc à l'enseignant de juger si les élèves bénéficient ou non d'un chronométrage de leurs lectures.

7 Synthèse

Féliciter les élèves et synthétiser les apprentissages effectués pendant la leçon, par exemple à l'aide d'une carte-texte.

Passer ensuite à la leçon d'encodage.

Encodage

1 Annonce de l'objectif de la leçon

Annoncer aux élèves qu'ils vont s'entrainer à écrire des mots avec le ss.

2 Répétition optionnelle des prérequis à l'encodage

- Répartir les lettres/groupes de lettres mobiles sur la table, face aux élèves. À tour de rôle, dire un son aux élèves, qui doivent montrer la lettre/le groupe de lettres correspondant.

- Prendre les cartes-images. À tour de rôle, les donner aux élèves, qui doivent dire le mot lentement en allongeant les sons, en étirant les bras.

Matériel
- Six lettres/groupes de lettres mobiles (dont le ss) à réviser
- Les cartes-images chasseur, laisse, mousse, maitresse

Feedback

3 Enseignement de la procédure d'encodage

- Distribuer à chaque élève une carte-flèche et les lettres mobiles.

- À tour de rôle, demander aux élèves d'écrire un mot du tableau ci-dessous. Si nécessaire, modeler la procédure d'encodage (Au début de /chchaassss/, j'entends /ch/, alors je mets le ch en premier ; ensuite, dans /chchaassss/, j'entends /a/, alors je mets le a en deuxième, etc.) et aider les élèves en précisant quel son on entend au début, ensuite, etc., en précisant le nombre de lettres nécessaire ou en diminuant le nombre de lettres/groupes de lettres mobiles au choix. Adapter le nombre d'items à écrire en fonction du plaisir et de la facilité des élèves. Ajouter la lettre muette grisée lorsqu'il y en a.

Matériel
- Les lettres/groupes de lettres mobiles des CGP vues jusque-là, par élève
- Les lettres mobiles e et s gris (muets) pour l'enseignant
- Une carte-flèche par élève
- Les cartes-images bosse, tasse, mousse, brosse, trousse, tissu, fossé, boussole

• Ne pas oublier de mettre régulièrement en évidence le sens des mots, avec les cartes-images, en donnant une explication ou en mettant le mot dans une phrase.

CVC	...CC...	Mots de plus d'une syllabe
chasse bosse* lisse tasse* mousse* tousse basse rousse	brosse* trousse* frousse	assis tissu* fossé* passé poussé rassuré réussite bossu boussole* métisse

Feedback

C = consonne ; V = voyelle ; * = mots disposant d'une carte-image

4 Écriture manuscrite dans le cahier

• Donner à chaque élève son cahier d'écriture à la page du ss ainsi qu'un crayon. Contrôler la tenue de celui-ci.

• Demander aux élèves de compléter leur cahier. Pour la dictée de mots, choisir quelques mots dans le tableau ci-dessus. En fonction des capacités des élèves, la dictée de la phrase suivante peut être proposée : Le chat tousse (aider les élèves, notamment pour la majuscule, les séparations entre les mots et les lettres muettes).

Matériel
Un cahier d'écriture et un crayon par élève

Feedback

5 Synthèse

Féliciter les élèves et synthétiser les apprentissages effectués pendant la leçon, par exemple à l'aide des lettres mobiles.

6 Évaluation formative

• Rappeler à l'élève de se concentrer, lui montrer successivement les cartes et lui demander de lire le mot.

• Si l'élève réussit à lire 80 % des items, passer à la leçon ***Introduire la CGP « n »***.

• Si l'élève ne réussit pas l'évaluation, faire une leçon ***Remédiation du décodage***, sur la base des leçons précédentes de remédiation du décodage, et en recourant préférentiellement aux pistes ayant bien convenu à l'élève jusque-là (*cf. Décodi niveau 1* : entrainer la fusion de phonèmes à l'oral avec les LEGO®, rendre attentif l'élève à l'ordre et au nombre de lettres, faire lire les mots plurisyllabiques syllabe par syllabe, faire lire à partir des cartes-mots ou de mots écrits avec les lettres mobiles, donner des récompenses).

• Faire ensuite repasser cette évaluation formative, en modalité de pointage si nécessaire, en présentant les mots cibles en trois temps et en insérant dans chaque groupe un mot distracteur d'une autre leçon.

• Continuer à avancer (passer à la leçon ***Introduire la CGP « n »***) quand l'élève parvient à lire/pointer 80 % des items de cette évaluation.

Matériel
• Les cartes-mots mousse, trousse, chasse, assis, brosse, tasse, passé, bosse
• Si nécessaire, trois cartes-mots d'une leçon précédente pour une évaluation par pointage

Le graphème « n »

Introduire la CGP

1 Annonce de l'objectif de la leçon

Annoncer aux élèves qu'ils vont apprendre/revoir une nouvelle lettre.

2 Introduction de la correspondance graphème « n » - phonème /n/

- Montrer trois images se terminant par /n/, les prononcer en allongeant légèrement le /n/, et demander aux élèves quel son on entend à la fin de ces mots.
- Montrer la page-graphème aux élèves : Le son /n/ s'écrit avec cette lettre, le n. Il s'écrit comme ça en minuscule (montrer) et comme ça en majuscule (montrer). On entend /n/ au début de nuage et de noix (montrer les images successivement).

Matériel
- Trois images de mots se terminant par /n/ (p.e. couronne, banane, téléphone)
- La page-graphème n-N

3 Tâche de conscience phonémique : localisation du phonème

- Prendre la carte-flèche et expliquer : On va dire si on entend le /n/ au début, au milieu ou à la fin du mot (montrer successivement le début, le milieu et la fin de la flèche). Vous vous rappelez, il y a quelques pièges, il y a des mots dans lesquels on n'entend pas de /n/.
- Modeler sur un mot se terminant par /n/ : prendre la carte-image couronne et la mettre au-dessus de la carte-flèche de manière à ce que les élèves les voient à l'endroit. Prononcer le mot lentement, en avançant avec le doigt sur la flèche. Recommencer. Dans couronne, on entend /n/ à la fin du mot (montrer la fin de la flèche).
- Modeler ensuite sur un mot contenant le /n/ au milieu et sur un mot ne contenant pas de /n/.
- Mélanger les cartes et interroger les élèves à tour de rôle en prononçant les mots lentement et en leur demandant si on entend /n/ au début, au milieu ou à la fin du mot (montrer successivement les endroits sur la flèche). Étayer autant que nécessaire, par exemple en répétant le mot plus lentement et en accentuant le /n/. Demander aux élèves de montrer (ou de nommer) l'endroit sur la flèche et utiliser la procédure de feedback.

Matériel
- Les cartes-images neige, niche, Noël, noix, nuage, bonnet, fenêtre, couronne, mandarine, téléphone, étoile, foot, jambe
- Une carte-flèche

Feedback

4 Apprentissage du geste d'écriture avec le doigt sur le modèle en gris

Procéder de la manière habituelle (*cf.* p. 12), sur le n minuscule puis sur le N majuscule.

Matériel
- La page-graphème n-N
- Les modèles des lettres n et N en gris par élève

Matériel optionnel-récompense
Deux smileys par élève

Feedback

5 Synthèse

Féliciter les élèves et synthétiser les apprentissages effectués pendant la leçon, par exemple en montrant la page-graphème.

Après avoir répété si nécessaire cette leçon ***Introduire la CGP « n »***, passer à la leçon ***Calligraphie*** (ci-après) avec les élèves dont les capacités motrices rendent la tenue du crayon possible.

Calligraphie

Procéder à la calligraphie du n puis du N selon la procédure habituelle (*cf.* p. 13).

Matériel
- La page-graphème n-N
- Les modèles des lettres n et N en gris par élève
- Un feutre effaçable, un crayon, un cahier par élève

Évaluation formative

- Montrer successivement les cartes-lettres à l'élève et lui demander quel son font ces lettres.
- Si l'élève réussit l'évaluation, passer à la leçon ***Décodage*** (ci-après).
- Si l'élève ne réussit pas l'évaluation, faire une leçon ***Remédiation de la CGP***, sur la base des leçons précédentes de remédiation des CGP et selon ce qui a bien convenu à l'élève jusque-là (*cf.* p. 14).
- Passer à la leçon ***Décodage*** (ci-après) quand la CGP « n » est mémorisée, que l'élève soit capable de dire le son correspondant au graphème (évaluation orale) ou de montrer le bon graphème parmi quatre (évaluation par pointage).

Matériel
- Les cartes-lettres n et N
- Si nécessaire, trois autres cartes-lettres pour une évaluation par pointage

Décodage

1 Annonce de l'objectif de la leçon

Annoncer aux élèves qu'ils vont s'entrainer à lire des mots et des textes avec le n.

2 Répétition optionnelle des prérequis au décodage

- Réviser certaines CGP en lançant le dé à tour de rôle et en disant le son correspondant au graphème apparu.
- S'entrainer à fusionner le phonème /n/ avec d'autres phonèmes (sur les mots lune, nid, nez, noix, prune) (*cf.* p. 14).

Matériel
- Un dé sur les faces duquel on inscrit 6 graphèmes à réviser (dont le n), en minuscule puis en majuscule
- Les cartes-images lune, nid, nez, noix, prune
- Quatre pièces de LEGO®

Feedback

3 Décodage

- Si les élèves sont capables de décoder les mots directement eux-mêmes, les laisser faire en leur donnant chacun leur tour un mot à décoder.
- S'ils ont besoin d'étayage, adapter les aides en fonction de leurs besoins (*cf.* p. 14).
- Mettre régulièrement en évidence le sens des mots, en montrant les cartes-images, en donnant des explications ou en mettant les mots dans des phrases (par exemple : Maline, ça veut dire intelligente, une fille maline, c'est une fille qui réfléchit bien, qui a de bonnes idées.) lorsque c'est nécessaire.

Matériel
- Les cartes-mots de la CGP n du livret de lecture
- Les cartes-images bassine, farine, prune, journal, tartine, nid, banane

Feedback

4 Lire des mots-outils

Révision de mots-outils déjà appris

- Rappeler que certains mots doivent être reconnus en entier (*cf.* p. 15).
- Prendre la carte-mot d'un mot-outil à réviser et modeler la procédure d'identification.
- Mettre en évidence le sens du mot. Si nécessaire, répéter la procédure.
- Procéder de la même manière avec l'autre mot-outil à réviser.

Matériel
- Les cartes-mots des mots à réviser : dans, avec
- Les cartes-mots des nouveaux mots à apprendre : s'est

Feedback

Apprentissage des nouveaux mots-outils utilisés dans les phrases

- Prendre la carte-mot s'est et modeler la procédure d'identification (*cf.* p. 15). Mettre en évidence le sens du mot et répéter la procédure si nécessaire.
- Mélanger ensuite les trois cartes-mots, en prendre une au hasard et entrainer la rétention des suites de lettres composant ces mots (Attention : 3-2-1, je le retourne, *cf.* p. 15).
- Interroger ainsi individuellement chaque élève sur chaque mot. Ne pas oublier de mettre régulièrement en évidence le sens des mots.

Feedback

5 S'entrainer à lire plusieurs fois chaque mot

Apparier un mot écrit à son image

- Prendre les cartes-mots bassine, farine, prune, journal, tartine, tapis, nid, banane, les mélanger et les mettre en pile, face cachée, au milieu de la table. Prendre les cartes-images et les disperser sur la table, face visible. Modeler la lecture du mot et l'association avec la bonne image sur le premier mot de la pile puis interroger les élèves à tour de rôle.
- Lorsqu'un mot peut avoir différentes significations, ou lorsque l'orthographe du mot en détermine le sens, l'expliquer aux élèves. Par exemple : Mine, ça peut être la mine d'une crayon (montrer l'image), ou ça peut être le visage ; par exemple avoir bonne mine, ça veut dire avoir l'air en bonne forme.

Matériel
- Les cartes-mots de la CGP du livret de lecture ainsi que quelques mots des leçons précédentes (p.e. arrive, tapis, vide)
- Les mêmes cartes-images que ci-dessus ainsi que les cartes-images des mots supplémentaires (p.e. tapis)
- La carte-mot s'est

Feedback

Mettre des mots dans une phrase orale (notamment pour les mots pas/peu imageables, dont les mots-outils)

- Prendre les cartes-mots tourne, fini, bonne, nature, note, mine, maline, tourné, vole, arrive, animal, numéro, s'est, les mélanger et les mettre en pile, face cachée, au milieu de la table. Annoncer aux élèves qu'à tour de rôle, ils vont tirer un mot, le lire, puis l'expliquer ou le mettre dans une phrase.

• Modeler sur un mot déchiffrable et sur un mot-outil, en rappelant les procédures d'identification correspondantes (*cf.* p. 16) puis en mettant le mot dans une phrase ou en l'expliquant.

• Les élèves procèdent ensuite de la même manière chacun leur tour.

• S'il est trop difficile pour certains élèves de mettre eux-mêmes les mots dans des phrases, l'enseignant ou les autres élèves peuvent le faire pour eux.

• Lorsqu'un mot peut avoir différentes significations, ou lorsque l'orthographe du mot en détermine le sens, expliquer aux élèves. Par exemple : Vous vous souvenez, vole peut vouloir dire deux choses. Ça peut vouloir dire un oiseau qui vole dans le ciel, ou un voleur qui vole de l'argent.

Feedback

Trier des mots en fonction de leur déterminant masculin ou féminin

• Prendre une dizaine de cartes-mots de noms (par exemple, banane, journée, prune, tartine, note, journal, animal, nid, numéro, tapis) et les mettre en pile, face cachée. Mettre les cartes-mots le et un d'un côté de la table et la et une un peu plus loin sur la table.

• Expliquer qu'on va mettre d'un côté les noms masculins et de l'autre les noms féminins (*cf.* p. 16). Modeler avec le premier mot de la pile, par exemple : /tartine/, on dit une tartine, pas un tartine, alors je le mets du côté féminin, la (montrer la) ou une (montrer une) tartine. Modeler sur deux autres mots.

• Interroger les élèves à tour de rôle. Leur demander de lire le mot et leur fournir tout l'étayage nécessaire pour le classement des mots.

Feedback

6 Lire un texte court

Matériel
- Les cartes-textes :
  - Nabil prépare une tarte
  - Nabil a passé une bonne journée
  - Nabil a une mine maline
- Les deux illustrations au choix pour chaque texte

Lire un texte court avec plus ou moins d'étayage

• Annoncer aux élèves qu'avec tous les mots qu'ils connaissent, ils peuvent lire des textes qui racontent des histoires.

• Prendre une carte-texte et rappeler que dans une phrase, il y a plusieurs mots ; qu'entre les mots il y a des espaces ; que les phrases commencent par une majuscule et se terminent par un point ; que les points et les virgules aident à savoir quand faire une pause, etc. (*cf.* p. 16).

• Pour la carte-texte commençant par Nabil prépare une tarte, préciser : Ça (montrer le point d'interrogation), c'est un point d'interrogation. Ça veut dire qu'on pose une question, la voix monte un peu à la fin (dire a-t-il fini avec l'intonation interrogative).

• Prendre la première carte-texte et faire lire le texte aux élèves en différenciant en fonction de leur aisance et de leur plaisir (*cf.* p. 17).

• Valider en relisant le texte fluidement avec l'intonation correspondante. Expliquer le sens de certains mots si nécessaire (par exemple : Vous vous souvenez, maline, c'est comme intelligente.). Montrer ensuite les deux illustrations aux élèves et leur demander de choisir celle qui correspond au texte qu'ils viennent de lire.

• Passer ensuite aux textes suivants.

Feedback

Compréhension d'un texte

• Prendre un texte et le relire fluidement pour que les élèves l'aient bien en tête. Poser ensuite des questions visant à développer des stratégies de compréhension de l'écrit (identifier les personnages, les actions, les lieux ; interpréter des reprises anaphoriques ; inférer les pensées/sentiments des personnages ; prédire la suite de l'histoire…).

Feedback

Création de phrases et notion de verbe

Maintenant, on va inventer nous-mêmes des phrases. Par exemple : La lune illumine la nuit (créer une phrase avec les mots que les élèves peuvent lire jusque-là).

- Faire lire la phrase créée aux élèves avec plus ou moins d'étayage, en fonction de leur aisance et de leur plaisir. Relire ensuite la phrase fluidement et s'assurer que les élèves en ont bien compris le sens.

- Réviser la notion de verbe : Vous vous souvenez, dans les phrases, il y a toujours un verbe. Les verbes sont des mots qui expliquent ce qui est fait. Par exemple, dans cette phrase, la nuit fait quoi (pointer le/les mots constituant le sujet et demander aux élèves de compléter) ? Elle *illumine*, donc le verbe c'est illuminer (dire le verbe à l'infinitif). Les verbes se disent avec les petits mots je, tu, il. Par exemple, j'illumine, tu illumines, il illumine.

- Créer d'autres phrases et procéder de la même manière. Les élèves peuvent participer la création des phrases.

Matériel
Les cartes-mots de la leçon et quelques cartes-mots de leçons précédentes

Feedback

S'entrainer à lire des textes fluidement

- Expliquer aux élèves qu'ils vont s'entrainer à lire plusieurs fois chaque texte parce que pour bien comprendre ce qu'on lit, c'est important de lire correctement, assez rapidement et avec la bonne intonation (*cf.* p. 17).

- Prendre une carte-texte. Lire le texte une première fois assez lentement, en suivant avec le doigt, avec une intonation adaptée. Recommencer une deuxième fois un peu plus rapidement.

- Donner la même carte-texte à un élève. Lui demander de lire le texte une première fois, lui fournir un feedback, lui demander de relire le texte un peu plus rapidement, et lui fournir à nouveau un feedback (lui proposer de recommencer une troisième fois encore un peu plus rapidement selon son plaisir).

- Faire lire ainsi chaque texte à chaque élève.

- Si les élèves en bénéficient, procéder à un chronométrage de leurs lectures successives (*cf.* p. 18).

7 Synthèse

Féliciter les élèves et synthétiser les apprentissages effectués pendant la leçon, par exemple à l'aide d'une carte-texte.

Passer ensuite à la leçon d'encodage.

Encodage

1 Annonce de l'objectif de la leçon

Annoncer aux élèves qu'ils vont s'entrainer à écrire des mots avec le n.

2 Répétition optionnelle des prérequis à l'encodage

• Répartir les lettres/groupes de lettres mobiles sur la table, face aux élèves. À tour de rôle, dire un son aux élèves, qui doivent montrer la lettre/le groupe de lettres correspondant.

• Prendre les cartes-images. À tour de rôle, les donner aux élèves, qui doivent dire le mot lentement en allongeant les sons, en étirant les bras.

Matériel
- Six lettres/groupes de lettres mobiles (dont le n) à réviser, en minuscule puis en majuscule
- Les cartes-images farine, fouine, lune, nuage

Feedback

3 Enseignement de la procédure d'encodage

• Distribuer à chaque élève une carte-flèche et les lettres mobiles. À tour de rôle, demander aux élèves d'écrire un mot du tableau ci-dessous. Si nécessaire, modeler la procédure d'encodage et aider les élèves (en précisant quel son on entend au début, en réduisant le nombre de lettres/groupes de lettres mobiles au choix, *cf.* p. 18). Aider les élèves pour la lettre muette ou la deuxième consonne (bonne) lorsqu'il y en a.

• Ne pas oublier de mettre régulièrement en évidence le sens des mots, avec les cartes-images, en donnant une explication ou en mettant le mot dans une phrase.

Matériel
- Les lettres/groupes de lettres mobiles des CGP vues jusque-là, par élève
- Les lettres mobiles d et e gris (muets) pour l'enseignant
- Une carte-flèche par élève
- Les cartes-images nid, lune, prune, banane, farine, épine, tartine, bassine, journal

CV	CVC	...CC...	Mots de plus d'une syllabe
nid*	lune* bonne note	prune*	nature animal banane* journée matinal farine* épine* tartine* bassine* minute journal* machine numéro fortune inutile tourné

Feedback

C = consonne ; **V** = voyelle ; * = mots disposant d'une carte-image

4 Écriture manuscrite dans le cahier

• Donner à chaque élève son cahier d'écriture à la page du n ainsi qu'un crayon. Contrôler la tenue de celui-ci.

• Demander aux élèves de compléter leur cahier. Pour la dictée de mots, choisir quelques mots dans le tableau ci-dessus. En fonction des capacités des élèves, la dictée de la phrase suivante peut être proposée : L'animal a fini la nourriture (aider les élèves, notamment pour la majuscule, les séparations entre les mots, les lettres muettes et le double r).

Matériel
Un cahier d'écriture et un crayon par élève

Feedback

5 Synthèse

Féliciter les élèves et synthétiser les apprentissages effectués pendant la leçon, par exemple à l'aide des lettres mobiles.

6 Évaluation formative

Matériel
- Les cartes-mots lune, banane, tartine, animal, farine, journal, maline, journée
- Si nécessaire, trois cartes-mots d'une leçon précédente pour une évaluation par pointage

- Rappeler à l'élève de se concentrer, lui montrer successivement les cartes et lui demander de lire le mot.
- Si l'élève réussit à lire 80 % des items, passer à la leçon ***Introduire les CGP « è-ê-ë »***.
- Si l'élève ne réussit pas l'évaluation, faire une leçon ***Remédiation du décodage***, sur la base des leçons précédentes de remédiation du décodage, et en recourant préférentiellement aux pistes ayant bien convenu à l'élève jusque-là (*cf. Décodi niveau 1* : entrainer la fusion de phonèmes à l'oral avec les LEGO®, rendre attentif l'élève à l'ordre et au nombre de lettres, faire lire les mots plurisyllabiques syllabe par syllabe, faire lire à partir des cartes-mots ou de mots écrits avec les lettres mobiles, donner des récompenses).
- Faire ensuite repasser cette évaluation formative, en modalité de pointage si nécessaire, en présentant les mots cibles en trois temps et en insérant dans chaque groupe un mot distracteur d'une autre leçon.
- Continuer à avancer (passer à la leçon ***Introduire les CGP « è-ê-ë »***, ci-après) quand l'élève parvient à lire/pointer 80 % des items de cette évaluation.

Introduire les CGP

1 Annonce de l'objectif de la leçon

Annoncer aux élèves qu'ils vont apprendre/revoir de nouvelles lettres.

2 Introduction de la correspondance graphèmes « è-ê-ë » - phonème /è/

Montrer la page-graphème é-É et expliquer aux élèves : Vous vous souvenez, on connait déjà la lettre é. Maintenant on va apprendre d'autres e. Prendre la page-graphème è-ê-Ê-ë et expliquer : Regardez, ces e n'ont pas le même accent. Celui-là a un accent grave (passer dessus avec le doigt), celui-là un accent circonflexe (passer dessus avec le doigt) et celui-là a deux points (passer dessus avec le doigt). Avec ces accents, le e se prononce /è/, comme dans chèvre, tête ou Noël (montrer les images successivement).

Matériel
- La page-graphème é-É
- La page-graphème è-ê-Ê-ë

è ê Ê ë

3 Tâche de conscience phonémique : localisation du phonème

- Prendre la carte-flèche et expliquer : On va dire si on entend le /è/ au début, au milieu ou à la fin du mot (montrer successivement le début, le milieu et la fin de la flèche). Rappeler qu'il peut y avoir des pièges.
- Modeler sur un mot : mettre la carte-image au-dessus de la carte-flèche. Prononcer le mot lentement, en avançant avec le doigt sur la flèche. Recommencer. Demander aux élèves si on entend /è/ au début, au milieu ou à la fin du mot (montrer successivement les endroits sur la flèche).
- Mélanger les cartes et interroger les élèves à tour de rôle.

Matériel
- Les cartes-images chèvre, crêpe, lumière, Noël, poussière, rivière, tête, tempête, têtard, lune, armoire, robot
- Une carte-flèche

Feedback

4 Apprentissage du geste d'écriture avec le doigt sur le modèle en gris

Procéder de la manière habituelle (*cf.* p. 12), sur les è-ê-Ê-ë.

Matériel
- La page-graphème è-ê-Ê-ë
- Les modèles des lettres è-ê-Ê-ë en gris par élève

Matériel optionnel-récompense
Deux smileys par élève

Feedback

5 Synthèse

Féliciter les élèves et synthétiser les apprentissages effectués pendant la leçon, par exemple en montrant la page-graphème.

Après avoir répété si nécessaire cette leçon ***Introduire les CGP « è-ê-ë »***, passer à la leçon ***Calligraphie*** (ci-après) avec les élèves pour qui c'est possible.

Calligraphie

Procéder à la calligraphie des è-ê-Ê-ë selon la procédure habituelle (*cf.* p. 13).

Matériel
- La page-graphème è-ê-Ê-ë
- Les modèles des lettres è-ê-Ê-ë en gris par élève
- Un feutre effaçable, un crayon, un cahier par élève

Évaluation formative

- Montrer successivement les cartes-lettres à l'élève et lui demander quel son font ces lettres.
- Si l'élève réussit l'évaluation, passer à la leçon ***Décodage*** (ci-après).
- Si l'élève ne réussit pas l'évaluation, faire une leçon ***Remédiation de la CGP*** (*cf.* p. 14).
- Passer à la leçon ***Décodage*** (ci-après) quand les CGP « è-ê-ë » sont mémorisées, que l'élève soit capable de dire le son correspondant au graphème (évaluation orale) ou de montrer le bon graphème parmi quatre (évaluation par pointage).

Matériel
- Les cartes-lettres è, ê, Ê, ë
- Si nécessaire, trois autres cartes-lettres pour une évaluation par pointage

Décodage

1 Annonce de l'objectif de la leçon

Annoncer aux élèves qu'ils vont s'entrainer à lire des mots et des textes avec les è-ê-ë.

2 Répétition optionnelle des prérequis au décodage

Matériel
- Un dé sur les faces duquel on inscrit 6 graphèmes à réviser (dont les è-ê-ë), en minuscule puis en majuscule
- Les cartes-images chêne, chèvre, fête, lèvre, Noël
- Quatre pièces de LEGO®

- Réviser certaines CGP en lançant le dé à tour de rôle et en disant le son correspondant au graphème apparu.
- S'entrainer à fusionner le phonème /è/ avec d'autres phonèmes (sur les mots chêne, chèvre, fête, lèvre, Noël) (*cf.* p. 14).

Feedback

3 Décodage

Matériel
- Les cartes-mots des CGP è-ê-ë du livret de lecture
- Les cartes-images chèvre, trèfle, forêt, lièvre, vipère, fourmilière, fièvre

- Si les élèves sont capables de décoder les mots directement eux-mêmes, les laisser faire en leur donnant chacun leur tour un mot à décoder.
- S'ils ont besoin d'étayage, adapter les aides en fonction de leurs besoins (*cf.* p. 14).
- Mettre régulièrement en évidence le sens des mots, en montrant les cartes-images, en donnant des explications ou en mettant les mots dans des phrases (par exemple : Fière, ça veut dire être content de ce qu'on a fait, par exemple quelqu'un qui est fier de son dessin.) lorsque c'est nécessaire.

Feedback

4 Lire des mots-outils

Matériel
- Les cartes-mots des mots à réviser : sur, se
- Les cartes-mots des nouveaux mots à apprendre : plein, on

Révision de mots-outils déjà appris

- Rappeler que certains mots doivent être reconnus en entier (*cf.* p. 15).
- Prendre la carte-mot d'un mot-outil à réviser et modeler la procédure d'identification.

• Mettre en évidence le sens du mot ; répéter la procédure si nécessaire et procéder de la même manière avec l'autre mot-outil à réviser.

→ **Feedback**

Apprentissage des nouveaux mots-outils utilisés dans les phrases

• Prendre la carte-mot plein et modeler la procédure d'identification (*cf.* p. 15), mettre en évidence le sens du mot, et répéter la procédure si nécessaire.

• Procéder de la même manière avec on.

• Mélanger ensuite les quatre cartes-mots, en prendre une au hasard et entrainer la rétention des suites de lettres composant ces mots (Attention : 3-2-1, je le retourne, *cf.* p. 15).

• Interroger ainsi individuellement chaque élève sur chaque mot. Ne pas oublier de mettre régulièrement en évidence le sens des mots.

→ **Feedback**

5 S'entrainer à lire plusieurs fois chaque mot

→ **Matériel**
- Les cartes-mots des CGP é-ê-ë du livret de lecture ainsi que quelques mots des leçons précedentes (p.e. nature, brosse, tomate)
- Les mêmes cartes-images que ci-dessus ainsi que les cartes-images des mots supplémentaires (p.e. brosse, tomate)
- Les cartes-mots plein, on

Apparier un mot écrit à son image

• Prendre les cartes-mots chèvre, trèfle, forêt, frère, lièvre, lumière, fête, vipère, Noël, fourmilière, brosse, tomate, fièvre, les mélanger et les mettre en pile, face cachée, au milieu de la table. Prendre les cartes-images et les disperser sur la table, face visible. Modeler la lecture du mot et l'association avec la bonne image sur le premier mot de la pile puis interroger les élèves à tour de rôle.

• Lorsqu'un mot peut avoir différentes significations, ou lorsque l'orthographe du mot en détermine le sens, expliquer aux élèves. Par exemple : Chêne, ça peut vouloir dire deux choses. Ça peut être l'arbre, le chêne (montrer l'image). Il y a aussi la chaine, par exemple une chaine pour attacher un chien. Celui-là il s'écrit avec ai au lieu du ê.

→ **Feedback**

Mettre des mots dans une phrase orale (notamment pour les mots pas/peu imageables, dont les mots-outils)

• Prendre les cartes-mots lève, promène, après, fière, très, prêt, bête, chêne, nature, père, problème, élève, plein, on, les mélanger et les mettre en pile, face cachée, au milieu de la table. Annoncer aux élèves qu'à tour de rôle, ils vont tirer un mot, le lire, puis l'expliquer ou le mettre dans une phrase.

• Modeler si nécessaire sur un mot déchiffrable et sur un mot-outil (*cf.* p. 16), puis en mettant le mot dans une phrase ou en l'expliquant. Les élèves procèdent ensuite de la même manière chacun leur tour (les aider si nécessaire pour mettre les mots dans des phrases).

• Lorsqu'un mot peut avoir différentes significations, ou lorsque l'orthographe du mot en détermine le sens, expliquer aux élèves. Par exemple : Bête peut vouloir dire deux choses. Ça peut vouloir dire qu'une personne est bête, elle ne réfléchit pas bien ; ou alors une bête, ça veut dire un animal.

→ **Feedback**

Trier des mots en fonction de leur déterminant masculin ou féminin

• Prendre une dizaine de cartes-mots de noms (par exemple chèvre, lumière, fête, forêt, bête, vipère, trèfle, père, mère, frère, chêne, lièvre, problème) et les mettre en pile, face cachée. Mettre les cartes-mots le et un d'un côté de la table et la et une un peu plus loin sur la table.

• Expliquer qu'on va mettre d'un côté les noms masculins et de l'autre les noms féminins (*cf.* p. 16). Modeler avec le premier mot de la pile, par exemple : /chèvre/, on dit une chèvre, pas un chèvre, alors je le mets du côté féminin, la (montrer la) ou une (montrer une) chèvre. Modeler sur deux autres mots.

• Interroger les élèves à tour de rôle. Leur demander de lire le mot et leur fournir tout l'étayage nécessaire pour le classement des mots.

Feedback

6 Lire un texte court

Matériel
• Les cartes-textes :
– La chèvre
– C'est Noël
• Les deux illustrations au choix pour chaque texte

Lire un texte court avec plus ou moins d'étayage

• Annoncer aux élèves qu'avec tous les mots qu'ils connaissent, ils peuvent lire des textes qui racontent des histoires.

• Prendre une carte-texte. À partir de là, les textes commencent à être suffisamment longs pour avoir des **titres**. Il s'agit donc d'expliquer ce qu'est un titre : Ce qui est écrit ici (montrer le titre), souvent au milieu et souligné, c'est le titre du texte. Le titre explique de quoi va parler le texte. Ici, le titre c'est « La chèvre » (lire en passant sous les lettres avec le doigt). Vous pensez que ce texte va parler de quoi ? Utiliser la procédure de feedback et rappeler ensuite les autres caractéristiques des textes (*cf.* p. 16).

• Prendre la carte-texte et faire lire le texte aux élèves en différenciant en fonction de leur aisance et de leur plaisir (*cf.* p. 17).

• Valider en relisant le texte fluidement avec l'intonation correspondante. Expliquer le sens de certains mots si nécessaire (par exemple : Une étable, c'est comme une ferme, une maison où on met des animaux). Montrer ensuite les deux illustrations aux élèves et leur demander de choisir celle qui correspond au texte qu'ils viennent de lire.

• Passer ensuite au texte suivant.

Feedback

Compréhension d'un texte

• Prendre un texte et le relire fluidement pour que les élèves l'aient bien en tête. Poser ensuite des questions visant à développer des stratégies de compréhension de l'écrit (identifier les personnages, les actions, les lieux ; interpréter des reprises anaphoriques ; inférer les pensées/sentiments des personnages ; prédire la suite de l'histoire…).

Feedback

Création de phrases et notion de verbe

Matériel
Les cartes-mots de la leçon et quelques cartes-mots de leçons précédentes

Maintenant, on va inventer nous-mêmes des phrases. Par exemple : Le père achète des pêches (créer une phrase avec les mots que les élèves peuvent lire jusque-là).

• Faire lire la phrase créée aux élèves avec plus ou moins d'étayage, relire la phrase fluidement et s'assurer que les élèves en ont bien compris le sens.

• Réviser la notion de verbe (*cf.* p. 24). Par exemple, dans cette phrase, le père fait quoi ? Il achète, donc le verbe, c'est acheter. Les verbes se disent avec les petits mots je, tu, il. Par exemple, j'achète, tu achètes, il achète.

• Créer d'autres phrases et procéder de la même manière. Les élèves peuvent participer à la création des phrases.

Feedback

S'entrainer à lire des textes fluidement

• Expliquer aux élèves qu'ils vont s'entrainer à lire plusieurs fois chaque texte parce que pour bien comprendre ce qu'on lit, c'est important de lire correctement, assez rapidement et avec la bonne intonation (*cf.* p. 17).

• Modeler sur un texte en le lisant une première fois assez lentement et une deuxième fois un peu plus rapidement, en suivant avec le doigt.

• Demander à un élève de procéder de la même manière, en lui fournissant un feedback à chaque lecture. Faire lire ainsi chaque texte à chaque élève.

• Procéder éventuellement à un chronométrage de leurs lectures successives (*cf.* p. 18).

7 Synthèse

Féliciter les élèves et synthétiser les apprentissages effectués pendant la leçon, par exemple à l'aide d'une carte-texte.

Passer ensuite à la leçon d'encodage.

Encodage

1 Annonce de l'objectif de la leçon

Annoncer aux élèves qu'ils vont s'entrainer à écrire des mots avec les lettres è-ê-ë.

2 Répétition optionnelle des prérequis à l'encodage

• Répartir les lettres/groupes de lettres mobiles sur la table, face aux élèves. À tour de rôle, dire un son aux élèves, qui doivent montrer la lettre/le groupe de lettres correspondant.

• Prendre les cartes-images. À tour de rôle, les donner aux élèves, qui doivent dire le mot lentement en allongeant les sons, en étirant les bras.

Matériel
- Six lettres/groupes de lettres mobiles (dont les è-ê-ë) à réviser
- Les cartes-images chèvre, forêt, lièvre, lumière

Feedback

3 Enseignement de la procédure d'encodage

• Distribuer à chaque élève une carte-flèche et les lettres mobiles. À tour de rôle, demander aux élèves d'écrire un mot du tableau ci-dessous. Si nécessaire, modeler la procédure d'encodage et aider les élèves (en précisant quel son on entend au début, en réduisant le nombre de lettres/groupes de lettres mobiles au choix, *cf.* p. 18). Aider les élèves pour la lettre muette ou la deuxième consonne (barrière, honnête) lorsqu'il y en a.

• Ne pas oublier de mettre régulièrement en évidence le sens des mots, avec les cartes-images, en donnant une explication ou en mettant le mot dans une phrase.

Matériel
- Les lettres/groupes de lettres mobiles des CGP vues jusque-là, par élève
- Les lettres mobiles e et h gris (muets) pour l'enseignant
- Une carte-flèche par élève
- Les cartes-images barrière, chèvre, fête, fourmilière, frère, lièvre, lumière, mère, Noël, planète, pêche, père, tête, trèfle, vipère

VC	CVC	...CC...	Mots de plus d'une syllabe
	père* mère* tête* fête* pêche* rêve chêne*	être lièvre* chèvre* trèfle* frère*	barrière* fourmilière* problème planète* élève lumière* Noël* vipère* poussière honnête

Feedback

C = consonne ; V = voyelle ; * = mots disposant d'une carte-image

4 Écriture manuscrite dans le cahier

• Donner à chaque élève son cahier d'écriture à la page des è-ê-ë ainsi qu'un crayon. Contrôler la tenue de celui-ci.

• Demander aux élèves de compléter leur cahier. Pour la dictée de mots, choisir quelques mots dans le tableau ci-dessus. En fonction des capacités des élèves, la dictée de la phrase suivante peut être proposée : La chèvre chasse la vipère (aider les élèves, notamment pour la majuscule, les séparations entre les mots et les lettres muettes).

Matériel
Un cahier d'écriture et un crayon par élève

Feedback

5 Synthèse

Féliciter les élèves et synthétiser les apprentissages effectués pendant la leçon, par exemple à l'aide des lettres mobiles.

6 Évaluation formative

• Rappeler à l'élève de se concentrer, lui montrer successivement les cartes et lui demander de lire le mot.

• Si l'élève réussit à lire 80 % des items, passer à la leçon ***Révision – fin de module 6*** (ci-après).

• Si l'élève ne réussit pas l'évaluation, faire une leçon ***Remédiation du décodage*** (*cf.* p. 26).

• Faire ensuite repasser cette évaluation formative, en modalité de pointage si nécessaire, en présentant les mots cibles en trois temps et en insérant dans chaque groupe un mot distracteur d'une autre leçon.

• Continuer à avancer (passer à la leçon ***Révision – fin de module 6***, ci-après) quand l'élève parvient à lire/pointer 80 % des items de cette évaluation.

Matériel
- Les cartes-mots chèvre, lumière, frère, père, Noël, très, bête, forêt
- Si nécessaire, trois cartes-mots d'une leçon précédente pour une évaluation par pointage

Révision – fin de module 6

Les leçons de révision de fin de module visent à ce que les apprentissages centraux de la méthode soient régulièrement réactivés, afin qu'ils ne soient pas oubliés et afin que la lecture des élèves gagne encore en fluidité. Il s'agit donc d'inciter les élèves à relire les mots et les textes qu'ils ont appris à lire dans ce module 6 en plus de réactiver de temps en temps ceux qu'ils ont appris à lire dans les modules précédents.

À ce stade, les mots et les textes que les élèves sont censés pouvoir lire sont nombreux. Il convient donc de réaliser cette leçon de révision en plusieurs fois (environ trois), en jonglant entre les différentes activités que les élèves ont effectuées jusque-là. Les activités à réaliser ainsi que la longueur de celles-ci sont à déterminer en fonction de l'aisance, des capacités attentionnelles et du plaisir des élèves.

La leçon suivante synthétise les différentes activités pouvant être réalisées. Il appartient à l'enseignant d'organiser ces activités en veillant à ce que les élèves révisent les mots et les textes lus dans le module 6 et en insérant tour à tour des mots et des phrases des modules précédents (notamment des mots et des phrases qui ont occasionné des difficultés). Dans l'ensemble, il s'agit de trouver un équilibre entre réviser régulièrement les apprentissages déjà effectués et continuer à avancer dans la méthode afin de réaliser des apprentissages nouveaux.

1 Annonce de l'objectif de la leçon

Annoncer aux élèves qu'ils vont s'entrainer à relire les mots, phrases et textes qu'ils ont déjà appris à lire, pour les lire avec de plus en plus de facilité.

2 Identification de mots

Apparier un mot écrit à son image (pour les mots imageables)

• Prendre environ 15 cartes-mots du module 6 et les 15 cartes-images correspondantes. Mettre les cartes-mots en pile, face cachée, au milieu de la table, et disperser les cartes-images sur la table, face visible. Expliquer aux élèves qu'ils vont chacun leur tour prendre un mot, le lire et trouver l'image qui va avec.

• Modeler avec le premier mot de la pile si nécessaire. Mettre régulièrement en évidence le sens des mots. Le cas échéant, commenter les différents sens possibles d'un mot et la façon dont l'orthographe en détermine le sens.

Mettre des mots dans une phrase orale (pour les mots pas/peu imageables, y compris les mots-outils)

• Prendre environ 15 cartes-mots de mots pas/peu imageables (parmi lesquels des mots déchiffrables et des mots-outils) et les mettre en pile, face cachée, au milieu de la table. Expliquer aux élèves que ces mots ne sont pas faciles à dessiner alors qu'ils vont les expliquer ou les mettre dans des phrases.

• Modeler, si nécessaire, sur un mot déchiffrable et sur un mot-outil en rappelant les procédures de lecture correspondantes. S'il est trop difficile pour certains élèves de mettre eux-mêmes les mots dans des phrases, l'enseignant ou les autres élèves peuvent le faire pour eux. Mettre régulièrement en évidence le sens des mots. Le cas échéant, commenter les différents sens possibles d'un mot et la façon dont l'orthographe en détermine le sens.

Trier des noms en fonction de leur déterminant masculin ou féminin

• Prendre environ 15 cartes-mots de noms et les mettre en pile, face cachée. Mettre les cartes-mots le et un d'un côté de la table et la et une un peu plus loin sur la table. Expliquer aux élèves qu'ils vont mettre d'un côté les noms masculins et de l'autre les noms féminins (*cf.* p. 16).

• Modeler avec le premier mot de la pile si nécessaire. Mettre régulièrement en évidence le sens des mots.

3 Lecture de phrases/textes

Lire des phrases/textes et les associer à l'illustration correspondante

• Prendre environ 6 cartes-phrases/textes. Prendre la première et la faire lire aux élèves en différenciant en fonction de leur aisance et de leur plaisir (*cf.* p. 17).

• Valider en relisant la phrase/le texte fluidement avec l'intonation correspondante. Expliquer le sens de certains mots si nécessaire. Montrer ensuite les illustrations aux élèves et leur demander de choisir celle qui correspond à la phrase/au texte qu'ils viennent de lire.

Répondre à des questions au sujet d'une phrase/d'un texte

• Sur la base des phrases/textes que les élèves viennent de lire, poser des questions visant à développer des stratégies de compréhension de l'écrit (identifier les personnages, les actions, les lieux ; interpréter des reprises anaphoriques ; inférer les pensées/sentiments des personnages ; prédire la suite de l'histoire...).

S'entrainer à lire des textes fluidement

• Reprendre un texte lu précédemment et expliquer aux élèves qu'ils vont s'entrainer à le lire plusieurs fois assez rapidement. Modeler si nécessaire sur un texte puis demander à un élève de le faire deux ou trois fois, en fournissant les feedbacks requis et en procédant éventuellement à un chronométrage des lectures successives (*cf.* p. 17).

Créer des phrases avec des mots

• Créer une phrase avec des cartes-mots (ou en écrire une contenant des mots que les élèves sont censés pouvoir décoder à ce stade), par exemple : La chèvre a la frousse, un homme la rassure. La faire lire aux élèves en différenciant en fonction de leur aisance et de leur plaisir (*cf.* p. 17).

• Créer d'autres phrases et procéder de la même manière. Les élèves peuvent participer à la création des phrases.

4 Synthèse

Féliciter les élèves et synthétiser les apprentissages effectués pendant la leçon.

module 7

Les graphèmes « s », « on-om », « d »

plan du module

Le graphème « s »
Les graphèmes « on-om »
Le graphème « d »

matériel

matériel collectif

- Les pages-graphèmes s-S, on-On-om-Om, d-D
- Le livret de lecture
- Les illustrations des phrases
- Des cartes pour les activités de tri
- Des cartes-images
- Des cartes-flèches
- Des pièces de LEGO®
- Des smileys

matériel individuel par élève

- Des modèles de lettres s-S, on-On-om-Om, d-D en gris
- Un feutre effaçable
- Un crayon ou stylo
- Un cahier d'écriture

Le graphème « s »

Introduire la CGP

1 Annonce de l'objectif de la leçon

Annoncer aux élèves qu'ils vont apprendre/revoir une nouvelle lettre.

2 Introduction du graphème s

Prendre la page-graphème s : Vous vous souvenez, on a déjà vu cette lettre quand on a appris le son que font deux s ensemble (montrer la page-graphème ss). Quand il y a un seul s, il peut faire le son /s/, comme les deux s, comme dans le mot sable (montrer l'image). Il peut aussi faire /z/, comme dans fraise (montrer l'image). Et en général, quand il est tout à la fin d'un mot, il ne fait pas de son, c'est une lettre muette (montrer la carte-mot tapis). Le s s'écrit comme ça en minuscule (le montrer) et comme ça en majuscule, c'est le même en plus grand.

Matériel
- La page-graphème s-S

- La page-graphème ss
- La carte-mot tapis (ou une autre carte-mot avec un s grisé à la fin)

3 Tâche de conscience phonémique : localisation du phonème

- Prendre la carte-flèche et expliquer : On va d'abord s'entrainer à écouter un des sons que peut faire le s, le son /s/. On va dire si on entend le /s/ au début, au milieu ou à la fin des mots (montrer successivement le début, le milieu et la fin de la flèche). Rappeler qu'il peut y avoir des pièges.

- Modeler sur le mot sabre : mettre la carte-image au-dessus de la carte-flèche. Prononcer le mot lentement, en avançant avec le doigt sur la flèche. Recommencer. Demander aux élèves si on entend /s/ au début, au milieu ou à la fin du mot (montrer successivement les endroits sur la flèche).

- Mélanger les cartes et interroger les élèves à tour de rôle.

- Expliquer aux élèves qu'ils vont maintenant s'entrainer à écouter l'autre son que peut faire le s, le son /z/. Modeler avec la carte-image bison puis interroger les élèves à tour de rôle.

Matériel
- Une carte-flèche
- Les cartes-images sable, sabre, sou, souris, soupe, moustache, bus, ours, couronne, robe, trèfle
- Les cartes-images bison, désert, fusil, trésor, chemise, fraise, framboise, valise, vase, abricot, chèvre, farine

4 Introduction des notions de voyelle et de consonne

- Annoncer : Pour savoir si le s fait /s/ ou /z/, on doit regarder les lettres qu'il y a autour et savoir si ce sont des voyelles ou des consonnes.

- Prendre la carte Voyelle et expliquer : Les voyelles, ce sont les lettres a, e, i, o, u, y. Les voyelles sont des lettres qu'on peut prononcer facilement, la bouche est assez ouverte et l'air passe bien (prononcer les phonèmes correspondants en exagérant la prononciation).

- Prendre la carte Consonne et expliquer : Toutes les autres lettres, ce sont les consonnes, par exemple r, s, f, l, j, b, t… Les consonnes font des sons qui sont un peu plus difficiles à prononcer, la bouche est moins ouverte et le passage de l'air est plus serré (prononcer des phonèmes correspondants en exagérant la prononciation).

On va chanter une petite chanson pour se rappeler quelles lettres sont des voyelles (chanter par exemple la comptine suivante : https://www.youtube.com/watch?v=AN-4-QhGCRI).

Matériel
- Les cartes Voyelle et Consonne
- Les cartes-lettres a, u, i, o, é et r, b, t, p, n (c'est-à-dire les lettres apprises jusque-là et les plus susceptibles de se trouver autour du s)

• Mettre la carte Voyelle d'un côté et la carte Consonne de l'autre. Prendre les cartes-lettres et annoncer : On va s'entrainer à dire si ces lettres sont des voyelles ou des consonnes. Modeler sur une voyelle et sur une consonne, par exemple :

- Prendre la carte-lettre o et dire : /o/ (en exagérant un peu la prononciation), c'est une voyelle. A-e-i-o-u-y (réciter les six voyelles en chantant et en insistant sur le o). Mettre la carte-lettre sous la carte Voyelle.
- Prendre la carte-lettre t et dire : /t/, c'est une consonne. Mettre la carte-lettre sous la carte Consonne.

• Mélanger les cartes-lettres et les mettre en pile, face cachée. Retourner la première carte et interroger un élève : *Prénom*, c'est une voyelle ou une consonne ? Étayer davantage si nécessaire (Quelles sont les voyelles dans la chanson ?), demander à l'élève de mettre la carte-lettre sous la carte Voyelle ou sous la carte Consonne, et utiliser la procédure de feedback. L'activité se termine lorsque toutes les cartes-lettres ont été triées deux fois. Préciser aux élèves : On apprendra dans la prochaine leçon comment savoir si le s fait /s/ ou /z/.

5 Apprentissage du geste d'écriture avec le doigt sur le modèle en gris

Procéder de la manière habituelle (*cf.* p. 12), sur le s minuscule puis sur le S majuscule. Pour la prononciation du son simultanément au geste d'écriture, faire prononcer le /s/, et rappeler que le s peut aussi faire le son /z/.

Matériel
- La page-graphème s-S
- Les modèles des lettres s et S en gris par élève

Matériel optionnel-récompense
Deux smileys par élève

Feedback

6 Synthèse

Féliciter les élèves et synthétiser les apprentissages effectués pendant la leçon, par exemple en montrant la page-graphème.

Après avoir répété si nécessaire cette leçon ***Introduire la CGP «s»***, passer à la leçon ***Calligraphie*** (ci-après) avec les élèves pour qui c'est possible.

Calligraphie

Mettre en œuvre la calligraphie du s puis du S selon la procédure habituelle (*cf.* p. 13).

Matériel
- La page-graphème s-S
- Les modèles des lettres s et S en gris par élève
- Un feutre effaçable, un crayon, un cahier par élève

Évaluation formative

• Montrer successivement les cartes-lettres à l'élève et lui demander quel son font ces lettres.

• Si l'élève réussit l'évaluation, passer à la leçon ***Décodage*** (ci-après).

• Si l'élève ne réussit pas l'évaluation, faire une leçon ***Remédiation de la CGP*** (*cf.* p. 14).

• Passer à la leçon ***Décodage*** (ci-après) quand la CGP « s » est mémorisée, que l'élève soit capable de dire le son correspondant au graphème (évaluation orale) ou de montrer graphème parmi quatre (évaluation par pointage).

Matériel
- Les cartes-lettres s et S
- Si nécessaire, trois autres cartes-lettres pour une évaluation par pointage

Décodage

1 Annonce de l'objectif de la leçon

Annoncer aux élèves qu'ils vont s'entrainer à lire des mots et des textes avec le s.

2 Répétition optionnelle des prérequis au décodage

Matériel
- Un dé sur les faces duquel on inscrit 6 graphèmes à réviser (dont le s), en minuscule puis en majuscule
- Les cartes-images bouse, ours, sou, soupe, souris, vase
- Quatre pièces de LEGO®

- Réviser certaines CGP en lançant le dé à tour de rôle et en disant le son correspondant au graphème apparu. Pour le s, accepter le son /s/ ou le son /z/.
- S'entrainer à fusionner les phonèmes /s/ et /z/ avec d'autres phonèmes (sur les mots bouse, ours, sou, soupe, souris, vase, *cf.* p. 14).

Feedback

3 Décodage (s qui fait /z/)

Matériel
- La carte résumant le fonctionnement de la CGP s
- Les cartes Voyelle et Consonne
- Les cartes-mots de la CGP s faisant /z/ du livret de lecture
- Les cartes-images fusil, trésor, usine, valise

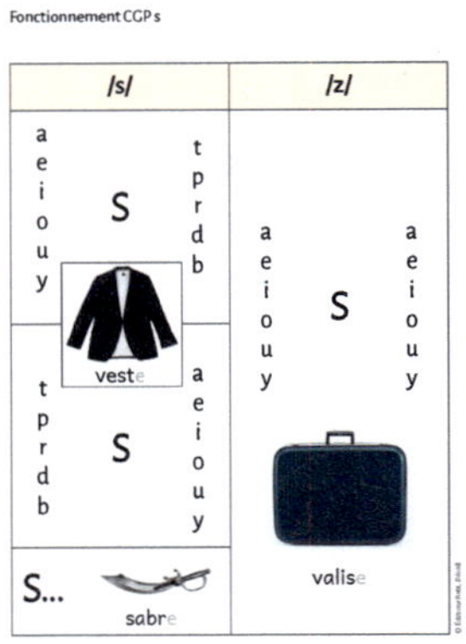

La dernière fois, on a appris ce qu'étaient les voyelles et les consonnes. Prendre la carte Voyelle et rappeler : Vous vous souvenez, les voyelles, ce sont les lettres a, e, i, o, u, y. Elles font des sons qui laissent bien passer l'air (prononcer les phonèmes correspondant en exagérant la prononciation). Prendre la carte Consonne et rappeler : Toutes les autres lettres, ce sont les consonnes, par exemple r, s, f, l, j, b, t… Elles font des sons où le passage de l'air est plus serré (prononcer les phonèmes correspondant en exagérant la prononciation). Vous vous souvenez de la petite chanson ? La chanter.

- On avait aussi appris que le s tout seul peut faire soit /s/, soit /z/.
- Prendre la carte résumant le fonctionnement de la CGP s et expliquer : Pour savoir si le s fait /s/ ou /z/, on doit regarder la lettre qu'il y a avant et après le s, et savoir si ce sont des voyelles ou des consonnes.
- Montrer le côté gauche de la carte résumant le fonctionnement de la CGP s : La plupart du temps, le s fait /s/. Montrer le côté droit de la carte : Il fait /z/ seulement quand il est entouré de deux voyelles (montrer les voyelles de chaque côté du s). On va commencer par ce cas, par le s qui fait /z/ parce qu'il est entre deux voyelles, comme dans valise (montrer l'image et le mot écrit et insister légèrement sur le /z/).
- Prendre la carte-mot valise. Ici, le s est entouré de deux voyelles, i et e (les montrer), alors le s fait /z/. Pointer les lettres successivement en disant le phonème correspondant (/v/, /a/, /l/, /i/, /z/), ça fait… (passer le doigt sous les lettres en assemblant les sons : valise). Mettre en évidence le sens du mot en montrant la carte-image. Mettre la carte-mot valise du côté droit de la carte résumant le fonctionnement de la CGP s, du côté du /z/.

• Procéder de la même manière avec la carte-mot fusil : Ici aussi, le s est entouré de deux voyelles, u et i (les montrer), alors le s fait /z/. Pointer les lettres successivement en disant le phonème correspondant (/f/, /u/, /z/, /i/) ça fait... (passer le doigt sous les lettres en assemblant les sons : fusil). Mettre en évidence le sens du mot en montrant la carte-image. Mettre la carte-mot fusil du côté droit de la carte résumant le fonctionnement de la CGP s, du côté du /z/.

• On va s'entrainer à lire des mots dans lesquels le s fait /z/. Donner les mots à lire aux élèves, étayer en utilisant la carte résumant le fonctionnement de la CGP, et leur fournir un feedback correctif si nécessaire. Par exemple, si un élève dit /ussine/, lui dire : On dit /usine/. Les élèves pourront ensuite progressivement intégrer la manière dont se lisent tels ou tels mots (voie d'adressage).

• Mettre régulièrement en évidence le sens des mots en montrant les cartes-images, en donnant des explications ou en mettant les mots dans des phrases (par exemple : méprise, c'est une erreur, c'est quand on se trompe).

4 S'entrainer à lire plusieurs fois chaque mot (s qui fait /z/)

Matériel
- La carte résumant le fonctionnement de la CGP s
- Les cartes-mots de la CGP s faisant /z/ du livret de lecture
- Les cartes-images fusil, trésor, usine, valise
- Les cartes Verbe, Nom, Masculin, Féminin

Apparier un mot écrit à son image

• Prendre les cartes-mots valise, trésor, fusil, et usine, les mélanger et les mettre en pile, face cachée, au milieu de la table. Prendre les cartes-images et les disperser sur la table, face visible. Modeler la lecture du mot et l'association avec la bonne image sur le premier mot de la pile puis interroger les élèves à tour de rôle.

• Étayer la lecture des mots en utilisant la carte résumant le fonctionnement de la CGP s, et utiliser la procédure de feedback.

Mettre des mots dans une phrase orale (notamment pour les mots pas/peu imageables)

• Prendre les cartes-mots épuisé, surprise, méprise, rusé, utilisent et posent, les mélanger et les mettre en pile, face cachée, au milieu de la table. Annoncer aux élèves qu'à tour de rôle, ils vont tirer un mot, le lire, puis l'expliquer ou le mettre dans une phrase.

• Étayer la lecture des mots en utilisant la carte résumant le fonctionnement de la CGP s, et utiliser la procédure de feedback.

Trier des mots selon qu'il s'agit de verbes ou de noms (masculin ou féminin)

• Prendre des cartes-mots de noms (par exemple : valise, trésor, fusil, usine, surprise, méprise) et de verbes (utilisent, posent), les mélanger et les mettre en pile, face cachée.

• Disposer les étiquettes Verbe, Nom, Masculin et Féminin tel qu'indiqué ci-dessous. Expliquer : Chacun son tour, on va prendre un mot. Si c'est un verbe, on le met ici (montrer). Les verbes sont des mots qui expliquent ce qui est fait, comme manger. Les verbes se disent avec je, tu, il, par exemple je mange, tu manges, il mange. Si c'est un nom, on le met ici (montrer). Les noms sont des mots qu'on peut dire avec un ou une, comme un vélo, une table. Si on dit un, comme un vélo, c'est un nom masculin, on le met ici (montrer). Si on dit une, comme une table, c'est un nom féminin, on le met ici (montrer). Modeler avec un nom et un verbe, puis interroger les élèves à tour de rôle : leur demander de lire le mot et leur fournir tout l'étayage nécessaire pour le classement des mots.

Verbe **Nom**

Masculin **Féminin**

5 Décodage (s qui fait /s/)

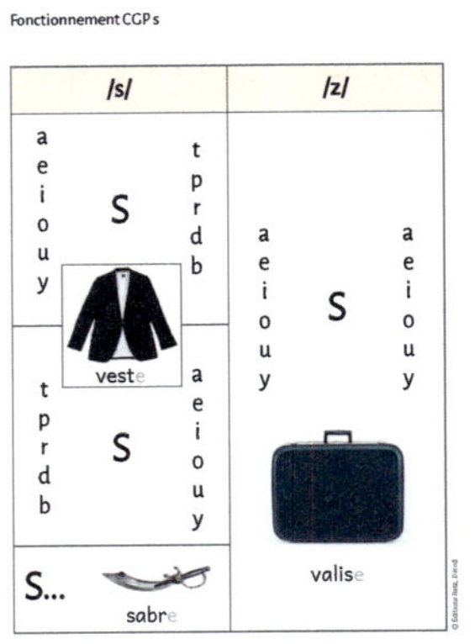

Matériel

- La carte résumant le fonctionnement de la CGP s
- Les cartes-mots de la CGP s faisant /s/ du livret de lecture
- Les cartes-images ours, piste, poste, sabre, salle, sou, soupe

- Montrer le côté gauche de la carte résumant le fonctionnement de la CGP s. Quand le s est entouré d'une consonne et d'une voyelle (montrer les consonnes et les voyelles de chaque côté du s) le s fait /s/, comme dans poste (montrer l'image et insister légèrement sur le /s/). Quand le s est au début d'un mot (montrer le s...), il fait aussi /s/, comme dans sabre (montrer l'image et le mot écrit, et insister légèrement sur le /s/).

- Prendre la carte-mot poste : Ici, le s est entouré d'une voyelle et d'une consonne, o et t (les montrer), alors le s fait /s/. Pointer les lettres successivement en disant le phonème correspondant (/p/, /o/, /s/, /t/), ça fait (passer le doigt sous les lettres en assemblant les sons) poste. Mettre en évidence le sens du mot en montrant la carte-image. Mettre la carte-mot poste du côté gauche de la carte résumant le fonctionnement de la CGP s, du côté du /s/.

- Procéder de la même manière avec la carte-mot sabre : Ici, le s est au début du mot (le montrer), alors il fait /s/. Pointer les lettres successivement en disant le phonème correspondant (/s/, /a/, /b/, /r/) ça fait (passer le doigt sous les lettres en assemblant les sons) sabre. Mettre en évidence le sens du mot en montrant la carte-image. Mettre la carte-mot sabre du côté gauche de la carte résumant le fonctionnement de la CGP s, du côté du /s/.

- On va s'entrainer à lire des mots dans lesquels le s fait /s/. Donner les mots à lire aux élèves, étayer en utilisant la carte résumant le fonctionnement de la CGP, et leur fournir un feedback correctif si nécessaire. Par exemple, si un élève dit /zport/, lui dire : On dit /sport/. Les élèves pourront ensuite progressivement intégrer la manière dont se lisent tels ou tels mots (voie d'adressage).

- Mettre régulièrement en évidence le sens des mots en montrant les cartes-images, en donnant des explications ou en mettant les mots dans des phrases (par exemple : Journaliste, c'est quelqu'un dont le travail est d'écrire dans un journal). Lorsqu'un mot peut avoir différentes significations, ou lorsque l'orthographe du mot en détermine le sens, l'expliquer aux élèves. Par exemple : Sou peut vouloir dire deux choses. Ça peut vouloir dire un sou, de l'argent ; ou alors sous la table (faire un geste). Celui-ci s'écrit avec un s à la fin.

6 S'entrainer à lire plusieurs fois chaque mot (s qui fait /s/)

Matériel

- La carte résumant le fonctionnement de la CGP s
- Les cartes-mots de la CGP s faisant /s/ du livret de lecture
- Les cartes-images ours, piste, poste, sabre, salle, sou, soupe
- Les cartes Verbe, Nom, Masculin, Féminin

Apparier un mot écrit à son image

• Prendre les cartes-mots poste, sabre, soupe, sou, piste, salle, ours, les mélanger et les mettre en pile, face cachée, au milieu de la table. Prendre les cartes-images et les disperser sur la table, face visible. Modeler la lecture du mot et l'association avec la bonne image sur le premier mot de la pile puis interroger les élèves à tour de rôle.

• Étayer la lecture des mots en utilisant la carte résumant le fonctionnement de la CGP s, et utiliser la procédure de feedback.

Mettre des mots dans une phrase orale (notamment pour les mots pas/peu imageables)

• Prendre les cartes-mots sport, sportif, journaliste, poursuivent, sourient, les mélanger et les mettre en pile, face cachée, au milieu de la table. Annoncer aux élèves qu'à tour de rôle, ils vont tirer un mot, le lire, puis l'expliquer ou le mettre dans une phrase.

• Étayer la lecture des mots en utilisant la carte résumant le fonctionnement de la CGP s, et utiliser la procédure de feedback.

Trier des mots selon qu'il s'agit de verbes ou de noms (masculin ou féminin)

• Prendre des cartes-mots de noms (par exemple, poste, sabre, soupe, sou, piste, salle, ours, sport, sportif, journaliste) et de verbes (par exemple, poursuivent, sourient), les mélanger et les mettre en pile, face cachée.

• Disposer les étiquettes Verbe, Nom, Masculin et Féminin et procéder de la manière habituelle (*cf.* p. 16).

7 Lire des mots-outils

Matériel

- Les cartes-mots des mots-outils à réviser : les, des
- Les cartes-mots des mots-outils à apprendre : leur, leurs, mais

Révision de mots-outils déjà appris

• Rappeler que certains mots doivent être reconnus en entier (*cf.* p. 15).

• Prendre la carte-mot d'un mot-outil à réviser et modeler la procédure d'identification.

• Mettre en évidence le sens du mot ; répéter la procédure si nécessaire et procéder de la même manière avec l'autre mot-outil à réviser.

Apprentissage des nouveaux mots-outils utilisés dans les phrases

• Prendre la carte-mot leur et modeler la procédure d'identification (*cf.* p. 15), mettre en évidence le sens du mot, et répéter la procédure si nécessaire. Procéder de la même manière avec leurs, en précisant simplement que ce mot peut aussi s'écrire avec un s muet. Procéder ensuite de la même manière avec mais.

• Mélanger ensuite les cinq cartes-mots, en prendre une au hasard et entrainer la rétention des suites de lettres composant ces mots (Attention : 3-2-1, je le retourne, *cf.* p. 15). Interroger ainsi individuellement chaque élève sur chaque mot. Ne pas oublier de mettre régulièrement en évidence le sens des mots.

8 Lire un texte court

Lire un texte court avec plus ou moins d'étayage

• Annoncer aux élèves qu'avec tous les mots qu'ils connaissent, ils peuvent lire des textes qui racontent des histoires ou qui expliquent des choses.

• Prendre la carte-texte Les sportifs et en commenter les caractéristiques, notamment la notion de titre (*cf.* p. 30).

• Faire lire le texte aux élèves en différenciant en fonction de leur aisance et de leur plaisir (*cf.* p. 17).

• Valider en relisant le texte fluidement avec l'intonation correspondante. Rappeler le sens de certains mots si nécessaire (par exemple : Vous vous souvenez, méprise, ça veut dire erreur). Montrer ensuite les deux illustrations aux élèves et leur demander de choisir celle qui correspond au texte qu'ils viennent de lire.

• Passer ensuite au texte suivant.

Matériel

- Les cartes-textes :
  - C'est Noël (*module 6*, CGP è-ê-ë)
  - Les sportifs
  - Les pirates
- Les deux illustrations au choix pour chaque texte

Feedback

Compréhension d'un texte

• Les correspondances graphèmes-phonèmes apprises jusque-là permettent d'élaborer des textes progressivement plus longs, qui commencent à se rapprocher d'une structure plutôt **narrative** (visant à raconter une histoire ou des événements, généralement composés d'une exposition, d'une complication, d'une résolution et d'une situation finale équilibrée) ou plutôt **informative** (visant à accroitre les connaissances des lecteurs, généralement composés de différents sous-titres et paragraphes ainsi que d'images). Il s'agit dès lors de commencer à **sensibiliser les élèves à ces deux différents types de texte** : Les textes qu'on lit peuvent raconter une histoire, comme par exemple l'histoire de Maëlle qui a fait un sapin de Noël (montrer la carte-texte). Les textes qu'on lit peuvent aussi nous apprendre des choses sur un sujet, comme par exemple le texte sur les sportifs (montrer la carte-texte). Ce texte nous apprend comment les sportifs se préparent et qu'ils sont interrogés par des journalistes.

• Relire le texte fluidement pour que les élèves l'aient bien en tête. Poser ensuite des questions visant à développer des stratégies de compréhension de l'écrit, en fonction du texte lu. Certaines questions se prêtent mieux aux textes de type narratif (identifier les personnages, les actions, les lieux ; prédire la suite de l'histoire), d'autres conviennent mieux aux textes de type informatif (qu'est-ce qu'on a appris sur les ... ?), alors que certaines stratégies sont requises quel que soit le type de texte (deviner le sens d'un mot inconnu, interpréter les reprises anaphoriques et les connecteurs, effectuer des inférences...).

Feedback

Création de phrases

• Créer une phrase avec des cartes-mots (ou en écrire une contenant des mots que les élèves sont censés pouvoir décoder à ce stade), par exemple : Les pirates jouent avec leurs sabres. La faire lire aux élèves en différenciant en fonction de leur aisance et de leur plaisir (*cf.* p. 17).

• Interroger les élèves sur la classe grammaticale de quelques mots : *Prénom*, pirates, c'est un nom ou un verbe ? On dit un pirate ou je pirate ? *Prénom*, quel est le verbe dans cette phrase, quel est le mot qui explique ce que font les pirates ?

• Créer d'autres phrases et procéder de la même manière. Les élèves peuvent participer à la création des phrases.

Matériel

Les cartes-mots de la leçon et quelques cartes-mots de leçons précédentes

Feedback

S'entrainer à lire des textes fluidement

• Expliquer aux élèves qu'ils vont s'entrainer à lire plusieurs fois chaque texte parce que pour bien comprendre ce qu'on lit, c'est important de lire correctement, assez rapidement et avec la bonne intonation (*cf.* p. 17).

• Modeler sur un texte en le lisant une première fois assez lentement et une deuxième fois un peu plus rapidement, en suivant avec le doigt.

• Donner un texte à un élève et lui demander de le lire deux ou trois fois, en lui fournissant un feedback à chaque lecture. Faire lire ainsi chaque texte à chaque élève.

• Procéder éventuellement à un chronométrage de leurs lectures successives (*cf.* p. 18).

9 Synthèse

Féliciter les élèves et synthétiser les apprentissages effectués pendant la leçon, par exemple à l'aide d'une carte-texte.

Passer ensuite à la leçon d'encodage.

Encodage

1 Annonce de l'objectif de la leçon

Annoncer aux élèves qu'ils vont s'entrainer à écrire des mots avec le s.

2 Répétition optionnelle des prérequis à l'encodage

• Répartir les lettres/groupes de lettres mobiles sur la table, face aux élèves. À tour de rôle, dire un son aux élèves, qui doivent montrer la lettre/le groupe de lettres correspondant.

• Prendre les cartes-images. À tour de rôle, les donner aux élèves, qui doivent dire le mot lentement en allongeant les sons, en étirant les bras.

Matériel
- Six lettres/groupes de lettres mobiles (dont le s) à réviser
- Les cartes-images fusil, ours, salle, valise

Feedback

3 Enseignement de la procédure d'encodage

• Distribuer à chaque élève une carte-flèche et les lettres mobiles. À tour de rôle, demander aux élèves d'écrire un mot du tableau ci-dessous. Si nécessaire, modeler la procédure d'encodage et aider les élèves (en précisant quel son on entend au début, en réduisant le nombre de lettres/groupes de lettres mobiles au choix, *cf.* p. 18). Aider les élèves pour la lettre muette ou la deuxième consonne (salle) lorsqu'il y en a. Ne pas oublier de mettre régulièrement en évidence le sens des mots.

CV	CVC	...CC...	Mots de plus d'une syllabe
sou* sot suis	bus* salle* sol chose soupe* vase*	ours* sabre* piste* plus sable*	souris* trésor* valise* fusil* moustache* sirop* bisou*

C = consonne ; V = voyelle ; * = mots disposant d'une carte-image

Matériel
- Les lettres/groupes de lettres mobiles des CGP vues jusque-là, par élève
- Les lettres mobiles s, e, t, l et p gris (muets) pour l'enseignant
- Une carte-flèche par élève
- Les cartes-images bus, fusil, moustache, ours, piste, sable, sabre, salle, sirop, sou, bisou, soupe, souris, trésor, valise, vase

Feedback

4 Écriture manuscrite dans le cahier

• Donner à chaque élève son cahier d'écriture à la page du s ainsi qu'un crayon. Contrôler la tenue de celui-ci.

• Demander aux élèves de compléter son cahier. Pour la dictée de mots, choisir quelques mots dans le tableau ci-dessus. En fonction des capacités des élèves, la dictée de la phrase suivante peut être proposée : La souris fuit l'ours (aider les élèves, notamment pour la majuscule, les séparations entre les mots et les lettres muettes).

Matériel
Un cahier d'écriture et un crayon par élève

Feedback

5 Synthèse

Féliciter les élèves et synthétiser les apprentissages effectués pendant la leçon, par exemple à l'aide des lettres mobiles.

6 Évaluation formative

• Rappeler à l'élève de se concentrer et lui demander de lire les mots successivement.

• Si l'élève réussit à lire 80 % des items, passer à la leçon ***Introduire les CGP « on-om »*** (ci-après).

• Si l'élève ne réussit pas l'évaluation, faire une leçon ***Remédiation du décodage*** (*cf.* p. 26).

• Faire ensuite repasser cette évaluation formative, en modalité de pointage si nécessaire, en présentant les mots cibles en trois temps et en insérant dans chaque groupe un mot distracteur d'une autre leçon.

• Continuer à avancer (passer à la leçon ***Introduire les CGP « on-om »***, ci-après) quand l'élève parvient à lire/pointer 80 % des items de cette évaluation.

Matériel
- Les cartes-mots sport, valises, rusé, trésors, soupe, ours, sabre, fusil
- Si nécessaire, trois cartes-mots d'une leçon précédente pour une évaluation par pointage

Les graphèmes « on-om »

Introduire les CGP

1 Annonce de l'objectif de la leçon

Annoncer aux élèves qu'ils vont apprendre/revoir un nouveau groupe de lettres.

2 Introduction de la correspondance graphème « on-om » - phonème /on/

• Montrer trois images se terminant par /on/, les prononcer en allongeant légèrement le /on/, et demander aux élèves quel son on entend à la fin de ces mots.

• Montrer la page-graphème aux élèves et leur expliquer : Le son /on/ peut s'écrire de deux façons, mais toujours avec deux lettres : soit o et n (montrer), soit o et m (montrer). Ces deux lettres se lisent ensemble, comme si elles se mélangeaient (les entourer). C'est pour ça qu'elles sont écrites en violet. On entend /on/ au début de ongle et de ombre (montrer les images successivement). Montrer les graphèmes on et om avec le O majuscule : Si /on/ est en début de phrase, ou au début d'un prénom, la première lettre, le o, s'écrit en majuscule (montrer les O majuscules).

Matériel
- Trois images de mots se terminant par /on/ (p. e. maison, poisson, papillon)
- La page-graphème on-On – om-Om

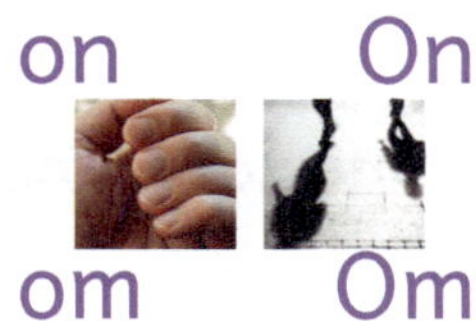

3 Tâche de conscience phonémique : localisation du phonème

• Expliquer qu'on va dire si on entend le son /on/ au début, au milieu ou à la fin des mots, et rappeler qu'il peut y avoir des pièges.

• Modeler sur un mot, puis interroger les élèves à tour de rôle.

Matériel
- Les cartes-images ombre, ongle, onze, crayon, maison, mouton, papillon, poisson, lapin, route, vert
- Une carte-flèche

Feedback

4 Apprentissage du geste d'écriture avec le doigt sur le modèle en gris

Procéder de la manière habituelle (*cf.* p. 12), sur le on minuscule puis majuscule, et ensuite sur le om minuscule puis majuscule.

Matériel
- La page-graphème on-On – om-Om
- Les modèles des lettres on-On et om-Om en gris par élève

Matériel optionnel-récompense
Deux smileys par élève

Feedback

5 Synthèse

Féliciter les élèves et synthétiser les apprentissages effectués pendant la leçon, par exemple en montrant la page-graphème.

Après avoir répété si nécessaire cette leçon ***Introduire la CGP « on-om »***, passer à la leçon ***Calligraphie*** (ci-après) avec les élèves pour qui c'est possible.

Calligraphie

Procéder à la calligraphie du on-On, puis du om-Om, selon la procédure habituelle (*cf.* p. 13).

Matériel
- La page-graphème on-On – om-Om
- Les modèles des lettres on, On, om, Om en gris par élève
- Un feutre effaçable, un crayon, un cahier par élève

Évaluation formative

- Demander à l'élève successivement quel son font ces lettres.
- Si l'élève réussit l'évaluation, passer à la leçon ***Décodage*** (ci-après).
- Si l'élève ne réussit pas l'évaluation, faire une leçon ***Remédiation de la CGP*** (*cf.* p. 14).
- Passer à la leçon ***Décodage*** (ci-après) quand la CGP « on-om » est mémorisée, que l'élève soit capable de dire le son correspondant au graphème (évaluation orale) ou de montrer le bon graphème parmi quatre (évaluation par pointage).

Matériel
- Les cartes-lettres on et om
- Si nécessaire, trois autres cartes-lettres pour une évaluation par pointage

Décodage

1 Annonce de l'objectif de la leçon

Annoncer aux élèves qu'ils vont s'entrainer à lire des mots et des textes avec les on-om.

2 Répétition optionnelle des prérequis au décodage

Matériel
- Un dé sur les faces duquel on inscrit 6 graphèmes à réviser (dont les on-om), en minuscule puis en majuscule
- Les cartes-images
- Quatre pièces de LEGO®

- Réviser certaines CGP en lançant le dé à tour de rôle et en disant le son correspondant au graphème apparu.
- S'entrainer à fusionner le phonème /on/ avec d'autres phonèmes (sur les mots ombre, maison, montre, pont, tronc, *cf.* p. 14).

Feedback

3 Décodage

Matériel
- Les cartes-mots des CGP on-om du livret de lecture
- Les cartes-images violon, buisson, hérisson, tronc, charbon, bouchon, pont, montre, télévision

- Prendre les cartes sonne, résonne, et hommes et expliquer : Parfois, les lettres on et om se suivent mais elles ne font pas /on/. C'est quand elles sont suivies d'un deuxième n ou m (montrer dans les mots) ou alors quand elles sont suivies d'une voyelle. Ici, quand on et om font ensemble le son /on/, elles sont écrites en violet.
- Donner à tour de rôle un mot à chaque élève, en différenciant l'aide au décodage en fonction des besoins (*cf.* p. 14).
- Mettre régulièrement en évidence le sens des mots, en montrant les cartes-images, en donnant des explications ou en mettant les mots dans des phrases (par exemple : Un bruit qui résonne, c'est un bruit qu'on continue à entendre, par exemple des bruits de pas qui résonnent dans un couloir) lorsque c'est nécessaire.

Feedback

4 Lire des mots-outils

Matériel
- Les cartes-mots des mots à réviser : c'est, qui
- Les cartes-mots des nouveaux mots à apprendre : ce, que

Révision de mots-outils déjà appris

- Rappeler que certains mots doivent être reconnus en entier (*cf.* p. 15).

• Prendre la carte-mot d'un mot-outil à réviser et modeler la procédure d'identification.

• Mettre en évidence le sens du mot ; répéter la procédure si nécessaire et procéder de la même manière avec l'autre mot-outil à réviser.

→ **Feedback**

Apprentissage des nouveaux mots-outils utilisés dans les phrases

• Prendre la carte-mot ce et modeler la procédure d'identification (*cf.* p. 15), mettre en évidence le sens du mot, et répéter la procédure si nécessaire. Procéder de la même manière avec que.

• Mélanger ensuite les quatre cartes-mots, en prendre une au hasard et entrainer la rétention des suites de lettres composant ces mots (Attention : 3-2-1, je le retourne, *cf.* p. 15). Interroger ainsi individuellement chaque élève sur chaque mot. Ne pas oublier de mettre régulièrement en évidence le sens des mots.

→ **Feedback**

5 S'entrainer à lire plusieurs fois chaque mot

→ **Matériel**
- Les cartes-mots des CGP on-om du livret de lecture ainsi que quelques mots des leçons précédentes (p.e. pipe, trousse, fête)
- Les cartes-mots ce, que
- Les mêmes cartes-images que ci-dessus ainsi que les cartes-images des mots supplémentaires (p.e. pipe, fête, trousse)
- Les cartes Verbe, Nom, Masculin, Féminin

Apparier un mot écrit à son image

• Prendre les cartes-mots violon, buisson, hérisson, tronc, charbon, bouchon, pont, pipe, trousse, montre, télévision, les mélanger et les mettre en pile, face cachée, au milieu de la table. Prendre les cartes-images et les disperser sur la table, face visible. Modeler la lecture du mot et l'association avec la bonne image sur le premier mot de la pile puis interroger les élèves à tour de rôle.

• Lorsqu'un mot peut avoir différentes significations ou lorsque l'orthographe du mot en détermine le sens, expliquer aux élèves. Par exemple : Montre, ça peut être la montre qui donne l'heure (montrer l'image), ou ça peut être le verbe montrer, je montre quelque chose (faire un geste).

→ **Feedback**

Mettre des mots dans une phrase orale (notamment pour les mots pas/peu imageables, dont les mots-outils)

• Prendre les cartes-mots violoniste, sonne, frisson, son, résonne, ont, volonté, long, bon, sont, homme, font, fête, ce, que, les mélanger et les mettre en pile, face cachée, au milieu de la table. Annoncer aux élèves qu'à tour de rôle, ils vont tirer un mot, le lire, puis l'expliquer ou le mettre dans une phrase.

• Modeler si nécessaire sur un mot déchiffrable et sur un mot-outil (*cf.* p. 15), puis en mettant le mot dans une phrase ou en l'expliquant. Les élèves procèdent ensuite de la même manière chacun leur tour (les aider si nécessaire pour mettre les mots dans des phrases).

• Lorsqu'un mot peut avoir différentes significations, ou lorsque l'orthographe du mot en détermine le sens, expliquer aux élèves. Par exemple : Bon, ça peut vouloir dire deux choses. Ça peut vouloir dire quelque chose qui est bon à manger, par exemple du bon chocolat, ou ça peut être un bon pour s'acheter quelque chose dans un magasin

→ **Feedback**

Trier des mots selon qu'il s'agit de verbes ou de noms (masculin ou féminin)

• Prendre une dizaine de cartes-mots de noms (par exemple, violon, buisson, hérisson, tronc, pont, pipe, trousse, montre, télévision) et des verbes (par exemple, sonne, résonne, ont, sont, font), les mélanger et les mettre en pile, face cachée.

• Disposer les cartes Verbe, Nom, Masculin et Féminin tel qu'indiqué ci-dessous. Expliquer : Chacun son tour, on va prendre un mot. Si c'est un verbe, on le met ici (montrer). Les verbes sont des mots qui expliquent ce qui est fait, comme manger.

Les verbes se disent avec je, tu, il, par exemple je mange, tu manges, il mange. Si c'est un nom, on le met ici (montrer). Les noms sont des mots qu'on peut dire avec un ou une, comme un vélo, une table. Si on dit un, comme un vélo, c'est un nom masculin, on le met ici (montrer). Si on dit une, comme une table, c'est un nom féminin, on le met ici (montrer). Modeler avec un nom et un verbe, puis interroger les élèves à tour de rôle : leur demander de lire le mot et leur fournir tout l'étayage nécessaire pour le classement des mots, notamment pour les verbes aux formes irrégulières ont, sont et font.

→ Feedback

Verbe	Nom	
	Masculin	Féminin

6 Lire un texte court

→ **Matériel**
- Les cartes-textes :
  - Le violon
  - Les arbres
- Les deux illustrations au choix pour chaque texte

Lire un texte court avec plus ou moins d'étayage

- Annoncer aux élèves qu'avec tous les mots qu'ils connaissent, ils peuvent lire des textes qui racontent des histoires ou qui expliquent des choses.
- Prendre la carte-texte Le violon et en commenter les caractéristiques, notamment la notion de titre (*cf.* p. 30).
- Faire lire le texte aux élèves en différenciant en fonction de leur aisance et de leur plaisir (*cf.* p. 17).
- Valider en relisant le texte fluidement avec l'intonation correspondante. Rappeler le sens de certains mots si nécessaire (par exemple : Vous vous souvenez, un son qui résonne, c'est un bruit qu'on continue à entendre). Montrer ensuite les deux illustrations aux élèves et leur demander de choisir celle qui correspond au texte qu'ils viennent de lire.
- Passer ensuite au texte suivant.

→ Feedback

Compréhension d'un texte

- Prendre un texte et le relire fluidement pour que les élèves l'aient bien en tête. Rappeler : Les textes qu'on lit peuvent raconter une histoire ou nous apprendre des choses sur un sujet.
- Poser ensuite des questions en fonction des textes lus. Certaines questions se prêtent mieux aux textes de type narratif (identifier les personnages, les actions, les lieux ; prédire la suite de l'histoire), d'autres conviennent mieux aux textes de type informatif (qu'est-ce qu'on a appris sur les… ?), alors que certaines stratégies sont requises quel que soit le type de texte (deviner le sens d'un mot inconnu, interpréter les reprises anaphoriques et les connecteurs, effectuer des inférences…).

→ Feedback

Création de phrases

→ **Matériel**
Les cartes-mots de la leçon et quelques cartes-mots de leçons précédentes

- Créer une phrase avec des cartes-mots (ou en écrire une contenant des mots que les élèves sont censés pouvoir décoder à ce stade), par exemple : Les hérissons fuient les hommes. La faire lire aux élèves en différenciant en fonction de leur aisance et de leur plaisir (*cf.* p. 17).

- Interroger les élèves sur la classe grammaticale de quelques mots : *Prénom*, hérisson, c'est un nom ou un verbe ? On dit un hérisson ou je hérisson ? *Prénom*, quel est le verbe dans cette phrase, quel est le mot qui explique ce que les hérissons font ?
- Créer d'autres phrases et procéder de la même manière. Les élèves peuvent participer à la création des phrases.

— Feedback

S'entrainer à lire des textes fluidement

- Expliquer aux élèves qu'ils vont s'entrainer à lire plusieurs fois chaque texte (*cf.* p. 17).
- Modeler sur un texte en le lisant une première fois assez lentement et une deuxième fois un peu plus rapidement, en suivant avec le doigt.
- Donner un texte à un élève et lui demander de le lire deux ou trois, en lui fournissant un feedback à chaque lecture. Faire lire ainsi chaque texte à chaque élève.
- Procéder éventuellement à un chronométrage de leurs lectures successives (*cf.* p. 18).

7 Synthèse

Féliciter les élèves et synthétiser les apprentissages effectués pendant la leçon, par exemple à l'aide d'une carte-texte.

Passer ensuite à la leçon d'encodage.

Encodage

1 Annonce de l'objectif de la leçon

Annoncer aux élèves qu'ils vont s'entrainer à écrire des mots avec les on-om.

2 Répétition optionnelle des prérequis à l'encodage

- Répartir les lettres/groupes de lettres mobiles sur la table, face aux élèves. À tour de rôle, dire un son aux élèves, qui doivent montrer la lettre/le groupe de lettres correspondant.
- Prendre les cartes-images. À tour de rôle, les donner aux élèves, qui doivent dire le mot lentement en allongeant les sons, en étirant les bras.

— **Matériel**
- Six lettres/groupes de lettres mobiles (dont les on-om) à réviser
- Les cartes-images avion, hérisson, ourson, savon

— Feedback

3 Enseignement de la procédure d'encodage

- Distribuer à chaque élève une carte-flèche et les lettres mobiles. À tour de rôle, demander aux élèves d'écrire un mot du tableau ci-dessous. Si nécessaire, modeler la procédure d'encodage et aider les élèves (en précisant quel son on entend au début, en réduisant le nombre de lettres/groupes de lettres mobiles à choix, *cf.* p. 18). Aider les élèves pour la lettre muette lorsqu'il y en a. Ne pas oublier de mettre régulièrement en évidence le sens des mots.

— **Matériel**
- Les lettres/groupes de lettres mobiles des CGP vues jusque-là, par élève
- Les lettres mobiles e, c, d, g et t gris (muets) pour l'enseignant
- Une carte-flèche par élève
- Les cartes-images avion, bombe, bonbon, bouton, ourson, mouton, pont, savon, télévision, tronc

CV	CVC	VC	...CC...	Mots de plus d'une syllabe
rond pont* nom long	bombe* tombe	honte	nombre tronc* blond* monstre	bonjour avion* bouton* télévision* réponse mouton* savon* bonbon* ourson* prison

Feedback

C = consonne ; V = voyelle ; * = mots disposant d'une carte-image

4 Écriture manuscrite dans le cahier

Matériel
Un cahier d'écriture et un crayon par élève

• Donner à chaque élève son cahier d'écriture à la page du on-om ainsi qu'un crayon. Contrôler la tenue de celui-ci.

• Demander aux élèves de compléter leur cahier. Pour la dictée de mots, choisir quelques mots dans le tableau ci-dessus. En fonction des capacités des élèves, la dictée de la phrase suivante peut être proposée : L'ours tombe sur sa tête (aider les élèves, notamment pour la majuscule, les séparations entre les mots et les lettres muettes).

Feedback

5 Synthèse

Féliciter les élèves et synthétiser les apprentissages effectués pendant la leçon, par exemple à l'aide des lettres mobiles.

6 Évaluation formative

Matériel
- Les cartes-mots sont, buisson, pont, font, violon, long, bon, tronc
- Si nécessaire, deux cartes-mots d'une leçon précédente pour une évaluation par pointage

• Rappeler à l'élève de se concentrer et lui demander de lire les mots successivement.

• Si l'élève réussit à lire 80 % des items, passer à la leçon ***Introduire la CGP « d »*** (ci-après).

• Si l'élève ne réussit pas l'évaluation, faire une leçon ***Remédiation du décodage*** (*cf.* p. 26).

• Faire ensuite repasser cette évaluation formative, en modalité de pointage si nécessaire, en présentant les mots cibles en trois temps et en insérant dans chaque groupe un mot distracteur d'une autre leçon.

• Continuer à avancer (passer à la leçon ***Introduire la CGP « d »***, ci-après) quand l'élève parvient à lire/pointer 80 % des items de cette évaluation.

Le graphème « d »

Introduire la CGP

1 Annonce de l'objectif de la leçon

Annoncer aux élèves qu'ils vont apprendre/revoir une nouvelle lettre.

Matériel
- Trois images de mots se terminant par /d/ (par exemple, salade, viande, corde)
- La page-graphème d-D

2 Introduction de la correspondance graphème « d » - phonème /d/

- Montrer trois images se terminant par /d/, les prononcer en tapant légèrement avec le doigt sur le /d/, et demander aux élèves quel son on entend à la fin de ces mots.
- Montrer la page-graphème aux élèves : Le son /d/ s'écrit avec cette lettre, le d. Il s'écrit comme ça en minuscule (montrer) et comme ça en majuscule (montrer). On entend /d/ au début de dauphin et de doigt (montrer les images successivement).

Matériel
- Les cartes-images dauphin, danse, dé, doigt, jardin, radeau, soldat, corde, lavande, salade, viande, os, rouge, vélo
- Une carte-flèche

Feedback

3 Tâche de conscience phonémique : localisation du phonème

- Expliquer qu'on va dire si on entend le son /d/ au début, au milieu ou à la fin des mots, et rappeler qu'il peut y avoir des pièges.
- Modeler sur un mot, puis interroger les élèves à tour de rôle.

Matériel
- La page-graphème d-D
- Les modèles des lettres d et D en gris, par élève

Matériel optionnel-récompense
Deux smileys par élève

Feedback

4 Apprentissage du geste d'écriture avec le doigt sur le modèle en gris

Procéder de la manière habituelle (*cf.* p. 12), sur le d minuscule puis sur le D majuscule.

5 Synthèse

Féliciter les élèves et synthétiser les apprentissages effectués pendant la leçon, par exemple en montrant la page-graphème.

Après avoir répété si nécessaire cette leçon ***Introduire la CGP « d »***, passer à la leçon ***Calligraphie*** (ci-après) avec les élèves pour qui c'est possible.

Calligraphie

Procéder à la calligraphie du d puis du D selon la procédure habituelle (*cf.* p. 13).

Matériel
- La page-graphème d-D
- Les modèles des lettres d et D en gris par élève
- Un feutre effaçable, un crayon, un cahier par élève

Évaluation formative

- Demander à l'élève successivement quel son font ces lettres.
- Si l'élève réussit l'évaluation, passer à la leçon ***Décodage*** (ci-après).
- Si l'élève ne réussit pas l'évaluation, faire une leçon ***Remédiation de la CGP*** (*cf.* p. 14).
- Passer à la leçon ***Décodage*** (ci-après) quand la CGP « d » est mémorisée, que l'élève soit capable de dire le son correspondant au graphème (évaluation orale) ou de montrer le bon graphème parmi quatre (évaluation par pointage).

Matériel
- Les cartes-lettres d et D
- Si nécessaire, trois autres cartes-lettres pour une évaluation par pointage

Décodage

1 Annonce de l'objectif de la leçon

Annoncer aux élèves qu'ils vont s'entrainer à lire des mots et des textes avec le d.

2 Répétition optionnelle des prérequis au décodage

- Réviser certaines CGP en lançant le dé à tour de rôle et en disant le son correspondant au graphème apparu.
- S'entrainer à fusionner le phonème /d/ avec d'autres phonèmes (sur les mots dos, douche, dune, monde, *cf.* p. 14).

Matériel
- Un dé sur les faces duquel on inscrit 6 graphèmes à réviser (dont le d), en minuscule puis en majuscule
- Les cartes-images dos, douche, dune, monde
- Trois pièces de LEGO®

Feedback

3 Décodage

- Donner à tour de rôle un mot à chaque élève, en différenciant l'aide au décodage en fonction des besoins (*cf.* p. 14).
- Mettre régulièrement en évidence le sens des mots, en montrant les cartes-images, en donnant des explications ou en mettant les mots dans des phrases (par exemple : Un nomade, c'est quelqu'un qui n'habite pas à un endroit, c'est quelqu'un qui se déplace souvent) lorsque c'est nécessaire.

Matériel
- Les cartes-mots de la CGP du livret de lecture
- Les cartes-images monde, dos, dune, doudoune, vide, douche, soldat

Feedback

4 Lire des mots-outils

Révision de mots-outils déjà appris

- Rappeler que certains mots doivent être reconnus en entier (*cf.* p. 15).
- Prendre la carte-mot d'un mot-outil à réviser et modeler la procédure d'identification.
- Mettre en évidence le sens du mot ; répéter la procédure si nécessaire et procéder de la même manière avec l'autre mot-outil à réviser.

Matériel
- Les cartes-mots des mots à réviser : En, y
- Les cartes-mots des nouveaux mots à apprendre : entre, Voici

Feedback

Apprentissage des nouveaux mots-outils utilisés dans les phrases

- Prendre la carte-mot entre et modeler la procédure d'identification (*cf.* p. 15), mettre en évidence le sens du mot, et répéter la procédure si nécessaire.

- Procéder de la même manière avec Voici.

- Mélanger ensuite les quatre cartes-mots, en prendre une au hasard et entrainer la rétention des suites de lettres composant ces mots (Attention : 3-2-1, je le retourne, *cf.* p. 15). Interroger ainsi individuellement chaque élève sur chaque mot. Ne pas oublier de mettre régulièrement en évidence le sens des mots.

→ **Feedback**

5 S'entrainer à lire plusieurs fois chaque mot

→ **Matériel**
- Les cartes-mots de la CGP d du livret de lecture ainsi que quelques mots des leçons précédentes (p.e. bosse, forêt, tartine)
- Les mêmes cartes-images que ci-dessus ainsi que les cartes-images des mots supplémentaires (p.e. bosse, forêt, tartine)
- Les cartes-mots entre, Voici

Apparier un mot écrit à son image

- Prendre les cartes-mots monde, dos, dune, doudoune, vide, forêt, tartine, bosse, douche, soldat, les mélanger et les mettre en pile, face cachée, au milieu de la table. Prendre les cartes-images et les disperser sur la table, face visible. Modeler la lecture du mot et l'association avec la bonne image sur le premier mot de la pile puis interroger les élèves à tour de rôle.

- Lorsqu'un mot peut avoir différentes significations ou lorsque l'orthographe du mot en détermine le sens, expliquer aux élèves. Par exemple : Bosse, ça peut vouloir dire une bosse (montrer l'image), ou ça peut être le verbe bosser, par exemple on bosse beaucoup, ça veut dire on travaille beaucoup.

→ **Feedback**

Mettre des mots dans une phrase orale (notamment pour les mots pas/peu imageables, dont les mots-outils)

- Prendre les cartes-mots nomade, possèdent, tondent, produisent, mode, dur, idéal, idée, balade, dès, départ, malade, altitude, dure, admire, formidable, dire, entre, Voici, les mélanger et les mettre en pile, face cachée, au milieu de la table.

- Modeler si nécessaire sur un mot déchiffrable et sur un mot-outil (*cf.* p. 15), puis en mettant le mot dans une phrase ou en l'expliquant. Les élèves procèdent ensuite de la même manière chacun leur tour (les aider si nécessaire pour mettre les mots dans des phrases).

- Lorsqu'un mot peut avoir différentes significations ou lorsque l'orthographe du mot en détermine le sens, l'expliquer aux élèves. Par exemple : Dur, ça peut vouloir dire quelque chose de solide, comme une table dure, ou ça peut vouloir dire difficile, comme un exercice dur.

→ **Feedback**

Trier des mots selon qu'il s'agit de verbes ou de noms (masculin ou féminin)

- Prendre une dizaine de cartes-mots de noms (par exemple départ, idée, monde, dos, dune, doudoune, douche, soldat) et des verbes (possèdent, tondent, produisent, admire, dire), les mélanger et les mettre en pile, face cachée.

- Disposer les cartes Verbe, Nom, Masculin et Féminin, et expliquer l'activité (*cf.* p. 47).

→ **Feedback**

6 Lire un texte court

→ **Matériel**
- Les cartes-textes :
  – Les nomades
  – De bonnes balades
- Les deux illustrations au choix pour chaque texte

Lire un texte court avec plus ou moins d'étayage

- Annoncer aux élèves qu'avec tous les mots qu'ils connaissent, ils peuvent lire des textes qui racontent des histoires ou qui expliquent des choses.

• Prendre la carte-texte Les nomades et en commenter les caractéristiques, notamment la notion de titre (*cf.* p. 30).

• Faire lire le texte aux élèves en différenciant en fonction de leur aisance et de leur plaisir (*cf.* p. 17).

• Valider en relisant le texte fluidement avec l'intonation correspondante. Rappeler le sens de certains mots si nécessaire (par exemple : Vous vous souvenez, un nomade, c'est quelqu'un qui n'habite pas au même endroit, qui se déplace souvent). Montrer ensuite les deux illustrations aux élèves et leur demander de choisir celle qui correspond au texte qu'ils viennent de lire.

• Passer ensuite au texte suivant.

Feedback

Compréhension d'un texte

• Prendre un texte et le relire fluidement pour que les élèves l'aient bien en tête. Expliquer : Les textes qu'on lit peuvent raconter une histoire, nous apprendre des choses, ou encore nous donner des conseils.

• Poser ensuite des questions en fonction des textes lus (*cf.* p. 48).

Feedback

Création de phrases

Matériel
Les cartes-mots de la leçon et quelques cartes-mots de leçons précédentes

• Créer une phrase avec des cartes-mots (ou en écrire une contenant des mots que les élèves sont censés pouvoir décoder à ce stade), par exemple : Les nomades partent tous les jours. La faire lire aux élèves en différenciant en fonction de leur aisance et de leur plaisir (*cf.* p. 17).

• Interroger les élèves sur la classe grammaticale de quelques mots : *Prénom*, nomades, c'est un nom ou un verbe ? On dit un nomade ou je nomade ? *Prénom*, quel est le verbe dans cette phrase, quel est le mot qui explique ce que font les nomades ?

• Créer d'autres phrases et procéder de la même manière. Les élèves peuvent participer à la création des phrases.

Feedback

S'entrainer à lire des textes fluidement

• Demander aux élèves de lire deux ou trois fois chaque texte en leur fournissant un feedback à chaque lecture, selon la procédure habituelle (*cf.* p. 17).

7 Synthèse

Féliciter les élèves et synthétiser les apprentissages effectués pendant la leçon, par exemple à l'aide d'une carte-texte.

Passer ensuite à la leçon d'encodage.

Encodage

1 Annonce de l'objectif de la leçon

Annoncer aux élèves qu'ils vont s'entrainer à écrire des mots avec le d.

2 Répétition optionnelle des prérequis à l'encodage

• Répartir les lettres/groupes de lettres mobiles sur la table, face aux élèves. À tour de rôle, dire un son aux élèves, qui doivent montrer la lettre/le groupe de lettres correspondant.

• Prendre les cartes-images. À tour de rôle, les donner aux élèves, qui doivent dire le mot lentement en allongeant les sons et en tapant légèrement avec le doigt sur le /d/.

Matériel
- Six lettres/groupes de lettres mobiles (dont le d) à réviser en minuscules, puis en majuscules
- Les cartes-images douche, monde, radis, salade, soldat

Feedback

3 Enseignement de la procédure d'encodage

• Distribuer à chaque élève une carte-flèche et les lettres mobiles. À tour de rôle, demander aux élèves d'écrire un mot du tableau ci-dessous. Si nécessaire, modeler la procédure d'encodage et aider les élèves (en précisant quel son on entend au début, en réduisant le nombre de lettres/groupes de lettres mobiles au choix, *cf.* p. 18). Aider les élèves pour la lettre muette ou la deuxième consonne (donné) lorsqu'il y en a. Ne pas oublier de mettre régulièrement en évidence le sens des mots.

CV	CVC	...CC...	Mots de plus d'une syllabe
dé* doux dos*	dur vide* sud douche* date dire dame	drap ordre blonde*	malade dormir répondre idée radio* mardi désolé midi donné

C = consonne ; V = voyelle ; * = mots disposant d'une carte-image

Matériel
- Les lettres/groupes de lettres mobiles des CGP vues jusque-là, par élève
- Les lettres mobiles x, s, e, et p gris (muets) pour l'enseignant
- Une carte-flèche par élève
- Les cartes-images dé, dos, vide, douche, blonde, radio

Feedback

4 Écriture manuscrite dans le cahier

• Donner à chaque élève son cahier d'écriture à la page du d ainsi qu'un crayon. Contrôler la tenue de celui-ci.

• Demander aux élèves de compléter leur cahier. Pour la dictée de mots, choisir quelques mots dans le tableau ci-dessus. En fonction des capacités des élèves, la dictée de la phrase suivante peut être proposée : La dame allume la radio (aider les élèves, notamment pour la majuscule, les séparations entre les mots et les lettres muettes).

Matériel
Un cahier d'écriture et un crayon par élève

Feedback

5 Synthèse

Féliciter les élèves et synthétiser les apprentissages effectués pendant la leçon, par exemple à l'aide des lettres mobiles.

6 Évaluation formative

Matériel
- Les cartes-mots dos, monde, dune, dur, idée, balade, départ, malade
- Si nécessaire, trois cartes-mots d'une leçon précédente pour une évaluation par pointage

- Rappeler à l'élève de se concentrer et lui demander de lire les mots successivement.
- Si l'élève réussit à lire 80 % des items, passer à la leçon ***Révision du module 7*** (ci-après).
- Si l'élève ne réussit pas l'évaluation, faire une leçon ***Remédiation du décodage*** (*cf.* p. 26).
- Faire ensuite repasser cette évaluation formative, en modalité de pointage si nécessaire, en présentant les mots cibles en trois temps et en insérant dans chaque groupe un mot distracteur d'une autre leçon.
- Continuer à avancer (passer à la leçon ***Révision – fin de module 7***, ci-après) quand l'élève parvient à lire/pointer 80 % des items de cette évaluation.

Révision – fin de module 7

Les leçons de révision de fin de module visent à ce que les apprentissages centraux de la méthode soient régulièrement réactivés, afin qu'ils ne soient pas oubliés et que la lecture des élèves gagne encore en fluidité. Il s'agit donc d'inciter les élèves à relire les mots et les textes qu'ils ont appris à lire dans ce module 7 en plus de réactiver de temps en temps ceux qu'ils ont appris à lire dans les modules précédents.

À ce stade, les mots et les textes que les élèves sont censés pouvoir lire sont nombreux. Il convient donc de réaliser cette leçon de révision en plusieurs fois (environ trois), en jonglant entre les différentes activités que les élèves ont effectuées jusque-là. Les activités à réaliser ainsi que la longueur de celles-ci sont à déterminer en fonction de l'aisance, des capacités attentionnelles et du plaisir des élèves.

La leçon suivante synthétise les différentes activités pouvant être réalisées. Il appartient à l'enseignant d'organiser ces activités en veillant à ce que les élèves révisent les mots et les textes lus dans le module 7 et en insérant tour à tour des mots et des phrases des modules précédents (notamment des mots et des phrases qui ont occasionné des difficultés). Dans l'ensemble, il s'agit de trouver un équilibre entre réviser régulièrement les apprentissages déjà effectués et continuer à avancer dans la méthode afin de réaliser des apprentissages nouveaux.

1 Annonce de l'objectif de la leçon

Annoncer aux élèves qu'ils vont s'entrainer à relire les mots, phrases et textes qu'ils ont déjà appris à lire, pour les lire avec de plus en plus de facilité.

2 Révision des notions de voyelles et de consonnes et du fonctionnement de la CGP s

On va s'entrainer à reconnaitre les voyelles et les consonnes. Prendre la carte Voyelle et rappeler : Vous vous souvenez, les voyelles, ce sont les lettres a, e, i, o, u, y. Elles font des sons qui laissent bien passer l'air (prononcer les phonèmes correspondant en exagérant la prononciation). Prendre la carte Consonne et rappeler : Toutes les autres lettres, ce sont les consonnes, par exemple r, s, f, l, j, b, t... Elles font des sons où le passage de l'air est plus serré (prononcer les phonèmes correspondant en exagérant la prononciation). Vous vous souvenez de la petite chanson ? La chanter.

• Prendre la carte résumant le fonctionnement de la CGP s, montrer le côté droit et rappeler que le s fait /z/ seulement quand il est entre deux voyelles.

• Prendre par exemple la carte-mot usine et modeler : Ici, le s est entouré de deux voyelles, u et i (les montrer). Alors le s fait /z/. Pointer les lettres successivement en disant le phonème correspondant (/u/, /s/, /i/, /n/) ça fait... (passer le doigt sous les lettres en assemblant les sons : usine). Montrer la carte-image. Mettre la carte-mot du côté droit de la carte résumant le fonctionnement de la CGP s, du côté du /z/.

• Prendre ensuite par exemple la carte-mot piste et modeler : Ici, le s est entouré d'une voyelle et d'une consonne, i et t (les montrer). Alors le s fait /s/. Pointer les lettres successivement en disant le phonème correspondant (/p/, /i/, /s/, /t/) ça fait... (passer le doigt sous les lettres en assemblant les sons : piste). Montrer la carte-image. Mettre la carte-mot du côté gauche de la carte résumant le fonctionnement de la CGP s, du côté du /s/.

• Mélanger les cartes-mots et les donner à lire aux élèves à tour de rôle. Leur demander de mettre les cartes-mots du bon côté de la carte résumant la CGP et utiliser la procédure de feedback. Mettre régulièrement en évidence le sens des mots.

Matériel

- Les cartes Voyelle et Consonne
- Les cartes-lettres a, u, i, o, é et r, b, t, p, n
- La carte résumant le fonctionnement de la CGP s
- Les cartes-mots poste, sabre, soupe, sou, piste, salle, ours, sport, valise, trésor, fusil, usine, épuisé, surprise, méprise, rusé
- Les cartes-images fusil, ours, piste, poste, sabre, salle, sou, soupe, trésor, usine, valise

3 Identification de mots

Apparier un mot écrit à son image (pour les mots imageables)

• Prendre environ 15 cartes-mots du module 7 et les 15 cartes-images correspondantes. Mettre les cartes-mots en pile, face cachée, au milieu de la table, et disperser les cartes-images sur la table, face visible. Expliquer aux élèves qu'ils vont chacun leur tour prendre un mot, le lire et trouver l'image qui va avec.

• Modeler avec le premier mot de la pile si nécessaire. Mettre régulièrement en évidence le sens des mots. Le cas échéant, commenter les différents sens possibles d'un mot et la façon dont l'orthographe en détermine le sens.

Mettre des mots dans une phrase orale (pour les mots pas/peu imageables, y compris les mots-outils)

• Prendre environ 15 cartes-mots de mots pas/peu imageables (parmi lesquels des mots déchiffrables et des mots-outils) et les mettre en pile, face cachée, au milieu de la table. Expliquer aux élèves que ces mots ne sont pas faciles à dessiner alors qu'ils vont les expliquer ou les mettre dans des phrases.

• Modeler, si nécessaire, sur un mot déchiffrable et sur un mot-outil en rappelant les procédures de lecture correspondantes. S'il est trop difficile pour certains élèves de mettre eux-mêmes les mots dans des phrases, l'enseignant ou les autres élèves peuvent le faire pour eux. Mettre régulièrement en évidence le sens des mots. Le cas échéant, commenter les différents sens possibles d'un mot et la façon dont l'orthographe en détermine le sens.

Trier des noms en fonction de leur classe grammaticale

- Prendre environ 10 cartes-mots de noms et 10 cartes-mots de verbes. Les mettre en pile, face cachée.
- Disposer les cartes Verbe, Nom, Masculin et Féminin, et expliquer l'activité (*cf.* p. 47).

4 Lecture de phrases/textes

Lire des textes et les associer à l'illustration correspondante

- Prendre environ 6 cartes-phrases/textes. Prendre la première et la faire lire aux élèves en différenciant en fonction de leur aisance et de leur plaisir (*cf.* p. 17).
- Valider en relisant la phrase/le texte fluidement avec l'intonation correspondante. Rappeler le sens de certains mots si nécessaire. Montrer ensuite les illustrations aux élèves et leur demander de choisir celle qui correspond à la phrase/au texte qu'ils viennent de lire.

Répondre à des questions au sujet d'une phrase/d'un texte

- Sur la base des phrases/textes que les élèves viennent de lire, poser des questions visant à développer des stratégies de compréhension de l'écrit. Choisir les questions en fonction des textes lus (*cf.* p. 48).

S'entrainer à lire des textes fluidement

- Reprendre un texte lu précédemment et demander à un élève de le lire deux ou trois fois, en lui fournissant un feedback à chaque lecture, selon la procédure habituelle (*cf.* p. 17).

Créer des phrases avec des mots

- Créer une phrase avec des cartes-mots (ou en écrire une contenant des mots que les élèves sont censés pouvoir décoder à ce stade). La faire lire aux élèves en différenciant en fonction de leur aisance et de leur plaisir (*cf.* p. 17).
- Créer d'autres phrases et procéder de la même manière. Les élèves peuvent participer à la création des phrases.

5 Synthèse

Féliciter les élèves et synthétiser les apprentissages effectués pendant la leçon.

module 8

Les graphèmes « en-em-an-am », « qu », « oi »

plan du module

Les graphèmes « en-em-an-am »
Le graphème « qu »
Le graphème « oi »

matériel

matériel collectif

- Les pages-graphèmes en-em-an-am – En-Em-An-Am, qu-Qu, oi-Oi
- Le livret de lecture
- Des cartes pour les activités de tri
- Des cartes-images
- Des cartes-flèches
- Des pièces de LEGO®
- Des smileys

matériel individuel par élève

- Des modèles de lettres en-em-an-am – En-Em-An-Am, qu-Qu, oi-Oi en gris
- Un feutre effaçable
- Un crayon
- Un cahier d'écriture

Introduire les CGP

1 Annonce de l'objectif de la leçon

Annoncer aux élèves qu'ils vont apprendre/revoir de nouvelles lettres.

2 Introduction des correspondances graphèmes « en-em-an-am » - phonème /an/

- Montrer trois images se terminant par /an/, les prononcer en allongeant légèrement le /an/, et demander aux élèves quel son on entend à la fin de ces mots.
- Montrer la page-graphème aux élèves et leur expliquer : Le son /an/ peut s'écrire de plusieurs façons, mais toujours avec deux lettres : soit avec e et n (montrer), soit avec e et m (montrer), soit avec a et n (montrer), soit avec a et m (montrer). Chaque fois, les deux lettres se lisent ensemble, comme si elles se mélangeaient (les entourer). C'est pour ça qu'elles sont écrites en violet. On entend /an/ au début de endive, ange ou ampoule (montrer les images successivement). Si /an/ est en début de phrase, ou au début d'un prénom, la première lettre, le e ou le a, s'écrit en majuscule (montrer les E et A majuscules).

Matériel
- Trois images de mots se terminant par /an/ (p.e. dent, serpent, gant)
- La page-graphème en-em-an-am – En-Em-An-Am

3 Tâche de conscience phonémique : localisation du phonème

- Expliquer qu'on va dire si on entend le son /an/ au début, au milieu ou à la fin des mots, et rappeler qu'il peut y avoir des pièges.
- Modeler sur un mot, puis interroger les élèves à tour de rôle.

Matériel
- Les cartes-images à mélanger : ampoule, ancre, ange, framboise, chanteur, argent, endive, diamant, éléphant, serpent, olive, salade, table, tartine
- Une carte-flèche

Feedback

4 Révision des notions de voyelle et de consonne

- Prendre les cartes Voyelle et Consonne et les cartes-lettres, rappeler ce que sont les voyelles et les consonnes (*cf.* p. 36) et demander aux élèves de trier les cartes-lettres.

Matériel
- Les cartes Voyelle et Consonne
- Les cartes-lettres a, u, i, o, é et r, b, t, p, n

5 Apprentissage du geste d'écriture avec le doigt sur le modèle en gris

Procéder de la manière habituelle (*cf.* p. 12), d'abord sur les en-em minuscules puis majuscules, et ensuite sur les an-am minuscules puis majuscules.

Matériel
- La page-graphème en-em-an-am – En-Em-An-Am
- Les modèles des lettres en-em-an-am et En-Em-An-Am en gris par élève

Feedback

6 Synthèse

Féliciter les élèves et synthétiser les apprentissages effectués pendant la leçon, par exemple en montrant la page-graphème.

Après avoir répété si nécessaire cette leçon ***Introduire les CGP* « en-em-an-am »**, passer à la leçon ***Calligraphie*** (ci-après) avec les élèves pour qui c'est possible.

Calligraphie

Procéder à la calligraphie des en-em minuscules puis majuscules, suivi des an-am minuscules puis majuscules, de la manière habituelle (*cf.* p. 13).

Évaluation formative

• Mélanger les cartes-lettres, les montrer successivement à l'élève et lui demander quel son font ces lettres.

• Si l'élève réussit l'évaluation, passer à la leçon ***Décodage*** (ci-après).

• Si l'élève ne réussit pas l'évaluation, faire une leçon ***Remédiation de la CGP*** (*cf.* p. 14).

• Passer à la leçon ***Décodage*** (ci-après) quand la CGP « en-em-an-am, » est mémorisée, que l'élève soit capable de dire le son correspondant au graphème (évaluation orale) ou de montrer le bon graphème parmi quatre (évaluation par pointage).

Matériel
- La page-graphème en-em-an-am – En-Em-An-Am
- Les modèles des lettres en-em-an-am et En-Em-An-Am en gris par élève
- Un feutre effaçable, un crayon, un cahier par élève

Matériel
- Les cartes-lettres en, em, an, am, En, Em, An, Am
- Les cartes-lettres de trois autres graphèmes vus précédemment

Décodage

1 Annonce de l'objectif de la leçon

Annoncer aux élèves qu'ils vont s'entrainer à lire des mots et des textes avec les en, em, an et am.

2 Répétition optionnelle des prérequis au décodage

• Réviser certaines CGP en lançant le dé à tour de rôle et en disant le son correspondant au graphème apparu.

• S'entrainer à fusionner le phonème /an/ avec d'autres phonèmes (sur les mots ange, argent, branche, endive, viande, *cf.* p. 14).

Matériel
- Un dé sur les faces duquel on inscrit 6 graphèmes à réviser (dont les en-em-an-am), en minuscule puis en majuscule
- Les cartes-images ange, argent, branche, endive, viande
- Quatre pièces de LEGO®

Feedback

3 Décodage

• Prendre les cartes animal, maman, et savane et expliquer : Parfois, les lettres en, em, an et am se suivent mais elles ne font pas /an/. C'est quand elles sont suivies d'un deuxième n ou m ou alors quand elles sont suivies d'une voyelle (montrer les an et am qui ne font pas /an/). Par exemple, dans animal, le an (montrer) ne fait pas /an/, il fait /ane/, /a/ et /n/ (montrer les deux lettres successivement). C'est parce qu'après le n il y a un i, et le i est une voyelle. Ici, quand en, em, an et am font ensemble le son /an/, elles sont écrites en violet.

• Donner à tour de rôle un mot à chaque élève, en différenciant l'aide au décodage en fonction des besoins (*cf.* p. 14).

• Mettre régulièrement en évidence le sens des mots, en montrant les cartes-images, en donnant des explications ou en mettant les mots dans des phrases (par exemple : Résistant, ça veut dire quelque chose qui résiste, qui tient bien, qui est solide) lorsque c'est nécessaire.

Matériel
- Les cartes-mots des CGP en-em-an-am du livret de lecture
- Les cartes-images antilope, bambou, branche, dent, panda, panthère, savane, viande

Feedback

4 Lire des mots-outils

Révision de mots-outils déjà appris

• Rappeler que certains mots doivent être reconnus en entier (*cf.* p. 15).

• Prendre la carte-mot d'un mot-outil à réviser et modeler la procédure d'identification.

• Mettre en évidence le sens du mot ; répéter la procédure si nécessaire et procéder de la même manière avec l'autre mot-outil à réviser.

Apprentissage des nouveaux mots-outils utilisés dans les phrases

• Prendre la carte-mot aussi et modeler la procédure d'identification (*cf.* p. 15), mettre en évidence le sens du mot, et répéter la procédure si nécessaire.

• Procéder de la même manière avec ses.

• Mélanger ensuite les cartes-mots, en prendre une et entrainer la rétention des suites de lettres composant ces mots (Attention : 3-2-1, je le retourne, *cf.* p. 15). Interroger chaque élève sur chaque mot et mettre régulièrement en évidence le sens des mots.

Matériel
- Les cartes-mots des mots à réviser : Les, sa
- Les cartes-mots des nouveaux mots à apprendre : aussi, ses

Feedback

Feedback

5 S'entrainer à lire plusieurs fois chaque mot

Matériel
- Les cartes-mots des CGP en-em-an-am du livret de lecture et quelques cartes-mots des leçons précédentes (p.e. salle, malade, violon)
- Les mêmes cartes-images que ci-dessus, les cartes-images de mots supplémentaires (p.e. salle, violon)
- Les cartes-mots aussi, ses
- Les cartes Verbe, Nom, Masculin, Féminin

Apparier un mot écrit à son image

• Prendre les cartes-mots panda, maman, bambou, viande, branche, panthère, savane, antilope, dent, salle, violon, et procéder de la manière habituelle (*cf.* p. 47).

Feedback

Mettre des mots dans une phrase orale (notamment pour les mots pas/peu imageables, dont les mots-outils)

• Prendre les cartes-mots animal, blanche, pendant, ans, plante, temps, prend, souvent, suspendre, résistant, trente, aliment, ensemble, surprend, mordant, défense, puissant, méfiante, aussi, ses (sentir, apprendre, chante), et procéder de la manière habituelle (*cf.* p. 47).

• Lorsqu'un mot peut avoir différentes significations, ou lorsque l'orthographe du mot en détermine le sens, l'expliquer aux élèves. Par exemple : Plante peut vouloir dire deux choses. Ça peut vouloir dire une plante, comme une plante verte, ou par exemple quelqu'un qui plante un clou (faire un geste).

Feedback

Trier des mots selon qu'il s'agit de verbes ou de noms (masculin ou féminin)

• Prendre une dizaine de cartes-mots de noms (par exemple, panda, bambou, viande, branche, panthère, savane, antilope, dent, salle, violon) et des verbes (par exemple, prend, suspendre, surprend, sentir, apprendre, chante).

• Disposer les cartes Verbe, Nom, Masculin et Féminin et procéder de la manière habituelle (*cf.* p. 47).

Feedback

6 Lire un texte

Matériel
Les cartes-textes :
– Le panda
– La panthère

Lire un texte avec plus ou moins d'étayage

• Annoncer aux élèves qu'avec tous les mots qu'ils connaissent, ils peuvent lire des textes qui racontent des histoires ou qui expliquent des choses.

• Prendre la carte-texte Le panda et en commenter les caractéristiques, notamment la notion de titre (*cf.* p. 30).

• Faire lire le texte aux élèves en différenciant en fonction de leur aisance et de leur plaisir (*cf.* p. 17).

• Valider en relisant le texte fluidement avec l'intonation correspondante. Rappeler le sens de certains mots si nécessaire (par exemple : Vous vous souvenez, résistant, ça veut dire quelqu'un qui tient bien, qui tient longtemps).

Feedback

Compréhension du texte lu

• Relire le texte fluidement pour que les élèves l'aient bien en tête. Rappeler que les textes qu'on lit peuvent raconter une histoire ou nous apprendre des choses.

• Poser ensuite des questions en fonction du texte lu (*cf.* p. 48).

• Passer ensuite à la lecture et à la compréhension du texte suivant.

Feedback

Création de phrases

Matériel
Les cartes-mots de la leçon et quelques cartes-mots de leçons précédentes et/ou un stylo

• Créer une phrase avec des cartes-mots ou en écrire une contenant des mots que les élèves sont censés pouvoir décoder à ce stade, par exemple : La panthère se nourrit de viande, pas le panda. La faire lire aux élèves en différenciant en fonction de leur aisance et de leur plaisir (*cf.* p. 17).

• Interroger les élèves sur la classe grammaticale de quelques mots : *Prénom*, panthère, c'est un nom ou un verbe ? On dit une panthère ou je panthère ? *Prénom*, quel est le verbe dans cette phrase, quel est le mot qui explique ce que la panthère fait ?

• Créer d'autres phrases et procéder de la même manière. Les élèves peuvent participer à créer des phrases.

Feedback

S'entrainer à lire des textes fluidement

Demander aux élèves de lire deux ou trois fois chaque texte en leur fournissant un feedback à chaque lecture, selon la procédure habituelle (*cf.* p. 17).

7 Synthèse

Féliciter les élèves et synthétiser les apprentissages effectués, par exemple à l'aide d'une carte-texte.

Passer ensuite à la leçon d'encodage.

Encodage

1 Annonce de l'objectif de la leçon

Annoncer aux élèves qu'ils vont s'entrainer à écrire des mots avec les en-em-an-am.

2 Répétition optionnelle des prérequis à l'encodage

• Répartir les lettres/groupes de lettres mobiles sur la table, face aux élèves. À tour de rôle, dire un son aux élèves, qui doivent montrer la lettre/le groupe de lettres correspondant.

• Prendre les cartes-images. À tour de rôle, les donner aux élèves, qui doivent dire le mot lentement en allongeant les sons, en étirant les bras.

Matériel
- Six lettres/groupes de lettres mobiles (dont les en-em-an-am) à réviser
- Les cartes-images ange, argent, cerf-volant, champ, éléphant, vent

Feedback

3 Enseignement de la procédure d'encodage

• Distribuer à chaque élève une carte-flèche et les lettres mobiles. À tour de rôle, demander aux élèves d'écrire un mot du tableau ci-dessous. Si nécessaire, modeler la procédure d'encodage et aider les élèves (en précisant quel son on entend au début, en réduisant le nombre de lettres/groupes de lettres mobiles à choix..., *cf.* p. 18). Aider les élèves à choisir le bon graphème pour transcrire le son /an/ ainsi que pour la lettre muette lorsqu'il y en a. Ne pas oublier de mettre régulièrement en évidence le sens des mots.

CV	CVC	...CC...	Mots de plus d'une syllabe
vent*	jambe*	blanc	enfant
dent*	viande*	ventre*	parent
banc*	danse*	prendre	aliment
temps	sens	branche*	panda*
champ*	tante	chambre	dimanche
			maman*
			souvent

C = consonne ; V = voyelle ; * = mots disposant d'une carte-image

Matériel
- Les lettres/groupes mobiles des CGP vues jusque-là, par élève
- Les lettres mobiles t, c, p, s et e gris (muets) pour l'enseignant
- Une carte-flèche par élève
- Les cartes-images banc, branche, champ, dent, jambe, panda, vent, ventre, viande, maman, danse

Feedback

4 Écriture manuscrite dans le cahier

• Donner à chaque élève son cahier d'écriture à la page des en-em-an-am ainsi qu'un crayon. Contrôler la tenue de celui-ci.

• Demander aux élèves de compléter leur cahier. Pour la dictée de mots, choisir quelques mots dans le tableau ci-dessus. En fonction des capacités des élèves, la dictée de la phrase suivante peut être proposée : Une maman porte son enfant (aider les élèves, notamment pour la majuscule, les séparations entre les mots et les lettres muettes).

Matériel
Un cahier d'écriture et un crayon par élève

Feedback

5 Synthèse

Féliciter les élèves et synthétiser les apprentissages effectués pendant la leçon, par exemple à l'aide des lettres mobiles.

6 Évaluation formative

- Rappeler à l'élève de se concentrer et lui demander de lire les mots successivement.
- Si l'élève réussit à lire 80 % des items, passer à la leçon ***Introduire la CGP « qu »*** (ci-après).
- Si l'élève ne réussit pas l'évaluation, faire une leçon ***Remédiation du décodage*** (*cf.* p.26).
- Faire ensuite repasser cette évaluation formative, en modalité de pointage si nécessaire, en présentant les mots cibles en trois temps et en insérant dans chaque groupe un mot distracteur d'une autre leçon.
- Continuer à avancer (passer à la leçon ***Introduire la CGP « qu »***, ci-après) quand l'élève parvient à lire/pointer 80 % des items de cette évaluation.

Matériel

- Les cartes-mots animal, maman, temps, viande, dent, souvent, panda, aliment
- Si nécessaire, trois cartes-mots d'une leçon précédente pour une évaluation par pointage

Introduire la CGP

1 Annonce de l'objectif de la leçon

Annoncer aux élèves qu'ils vont apprendre/revoir un nouveau groupe de lettres.

2 Introduction de la correspondance graphème « qu » - phonème /k/

- Montrer trois images se terminant par /k/, les prononcer en tapant légèrement avec le doigt sur le /k/, et demander aux élèves quel son on entend à la fin de ces mots.

- Montrer la page-graphème aux élèves et leur expliquer : Le son /k/ peut s'écrire avec ces deux lettres : q et u (montrer). Ces deux lettres se lisent ensemble, comme si elles se mélangeaient (les entourer). C'est pour ça qu'elles sont écrites en violet. On entend /k/ au début de quille et de quatre (montrer les images successivement). Montrer le qu avec le Q majuscule : Si qu est en début de phrase, ou au début d'un prénom, le q s'écrit en majuscule (montrer).

Matériel
- Trois images de mots se terminant par /k/ (par exemple moustique, flaque, pastèque)
- La page-graphème qu-Qu

3 Tâche de conscience phonémique : localisation du phonème

- Expliquer qu'on va dire si on entend le son /k/ au début, au milieu ou à la fin des mots, et rappeler qu'il peut y avoir des pièges.

- Modeler sur un mot, puis interroger les élèves à tour de rôle.

Matériel
- Les cartes-images banquise, bibliothèque, cirque, équipe, flaque, moustique, orque, pastèque, quarante, quille, requin, fourchette, jaune, livre
- Une carte-flèche

Feedback

4 Apprentissage du geste d'écriture avec le doigt sur le modèle en gris

Procéder de la manière habituelle (*cf.* p. 12), sur le qu minuscule puis majuscule.

Matériel
- La page-graphème qu-Qu
- Les modèles des lettres qu et Qu en gris par élève

Feedback

5 Synthèse

Féliciter les élèves et synthétiser les apprentissages effectués, par exemple en montrant la page-graphème.

Après avoir répété si nécessaire cette leçon ***Introduire la CGP « qu »***, passer à la leçon ***Calligraphie*** (ci-après) avec les élèves pour qui c'est possible.

Calligraphie

Procéder à la calligraphie du qu minuscule puis majuscule selon la procédure habituelle (*cf.* p.13).

Matériel
- La page-graphème qu-Qu
- Les modèles des lettres qu et Qu en gris par élève
- Un feutre effaçable, un crayon, un cahier par élève

Évaluation formative

- Demander à l'élève successivement quel son font ces lettres.
- Si l'élève réussit l'évaluation, passer à la leçon ***Décodage*** (ci-après).
- Si l'élève ne réussit pas l'évaluation, faire une leçon ***Remédiation de la CGP*** (*cf.* p.14).
- Passer à la leçon ***Décodage*** (ci-après) quand l'élève réussit l'évaluation, que ce soit oralement ou par pointage.

Matériel
- Les cartes-lettres qu et Qu
- Si nécessaire, trois autres cartes-lettres pour une évaluation par pointage

Décodage

1 Annonce de l'objectif de la leçon

Annoncer aux élèves qu'ils vont s'entrainer à lire des mots et des textes avec le qu.

2 Répétition optionnelle des prérequis au décodage

- Réviser certaines CGP en lançant le dé à tour de rôle et en disant le son correspondant au graphème apparu.
- S'entrainer à fusionner le phonème /k/ avec d'autres phonèmes (sur les mots cirque, équipe, orque, phoque, quille, requin, *cf.* p.14).

Matériel
- Un dé sur les faces duquel on inscrit 6 graphèmes à réviser (dont le qu), en minuscule puis en majuscule
- Les cartes-images cirque, équipe, orque, phoque, quille, requin
- Quatre pièces de LEGO®

Feedback

3 Décodage

- Donner à tour de rôle un mot à chaque élève, en différenciant l'aide au décodage en fonction des besoins (*cf.* p.14).
- Mettre régulièrement en évidence le sens des mots, en montrant les cartes-images, en donnant des explications ou en mettant les mots dans des phrases (par exemple : Un attaquant, au foot, c'est un joueur qui est devant, près du but où il doit marquer) lorsque c'est nécessaire.

Matériel
- Les cartes-mots de la CGP qu du livret de lecture
- Les cartes-images banquise, moustique, équipe, orque, flaque, pastèque

Feedback

4 Lire des mots-outils

Procéder de la manière habituelle, tant pour les mots-outils à réviser que pour les nouveaux mots-outils à apprendre (*cf.* p.15).

Matériel
- Les cartes-mots des mots à réviser : Dans, des
- Les cartes-mots des nouveaux mots à apprendre : cela

Feedback

5 S'entrainer à lire plusieurs fois chaque mot

Apparier un mot écrit à son image

• Prendre les cartes-mots équipe, orque, banquise, buisson, quarante, maman, valise, flaque, moustique, pastèque, et procéder de la manière habituelle (*cf.* p. 47).

• Lorsqu'un mot peut avoir différentes significations, ou lorsque l'orthographe du mot en détermine le sens, l'expliquer aux élèves. Par exemple : Marque, ça peut vouloir dire quelqu'un qui marque un but, ou alors une marque de vêtement (montrer des exemples sur les habits des élèves ou de l'enseignant).

Matériel
- Les cartes-mots de la CGP qu du livret de lecture ainsi que quelques cartes-mots des leçons précédentes (p.e. maman, buisson, valise)
- La carte-mot cela
- Les mêmes cartes-images que ci-dessus, les cartes-images des mots supplémentaires (p.e. buisson, maman, valise)
- Les cartes Verbe, Nom, Masculin, Féminin

Feedback

Mettre des mots dans une phrase orale

• Prendre les cartes-mots attaquant, marque, fréquent, manque, qualifie, fantastique, Arctique, Antarctique, traque, attaque, scientifique, quasiment, jusque, cela, et procéder de la manière habituelle (*cf.* p. 47).

Feedback

Trier des mots selon qu'il s'agit de verbes ou de noms (masculin ou féminin)

• Prendre une dizaine de cartes-mots de noms (par exemple, orque, banquise, buisson, valise, flaque, moustique, pastèque) et des verbes (par exemple, marque, manque, qualifie, traque, attaque), les mélanger et les mettre en pile, face cachée.

• Disposer les cartes Verbe, Nom, Masculin et Féminin et procéder de la manière habituelle (*cf.* p. 47). Fournir tout l'étayage nécessaire pour le classement des mots, notamment pour les mots pouvant être à la fois un nom et un verbe (marque, traque, attaque).

Feedback

6 Lire un texte

Lire un texte avec plus ou moins d'étayage

Procéder de la manière habituelle (*cf.* p. 16).

Matériel
Les cartes-textes :
- L'équipe de foot
- L'orque

Feedback

Compréhension du texte lu

Relire le texte fluidement et poser des questions en fonction du texte lu (*cf.* p. 48).

Feedback

Création de phrases

• Créer une phrase (avec des cartes-mots et/ou en écrire une), par exemple : N'approche pas les orques, elles attaquent.

• La faire lire aux élèves, les interroger sur la classe grammaticale de quelques mots, puis créer d'autres phrases (*cf.* p. 63).

Matériel
Les cartes-mots de la leçon et quelques cartes-mots de leçons précédentes et/ou un stylo

Feedback

S'entrainer à lire des textes fluidement

Procéder de la manière habituelle (*cf.* p. 17).

7 Synthèse

Féliciter les élèves et synthétiser les apprentissages effectués, par exemple à l'aide d'une carte-texte.

Passer ensuite à la leçon d'encodage.

Encodage

1 Annonce de l'objectif de la leçon

Annoncer aux élèves qu'ils vont s'entrainer à écrire des mots avec le qu.

2 Répétition optionnelle des prérequis à l'encodage

- Demander aux élèves de pointer les lettres correspondant aux phonèmes prononcés (*cf.* p. 64).
- Demander aux élèves d'allonger les sons dans les mots et de taper légèrement avec le doigt sur le /k/.

Matériel
- Six lettres/groupes de lettres mobiles (dont le qu) à réviser
- Les cartes-images cirque, flaque, orque, phoque, requin

Feedback

3 Enseignement de la procédure d'encodage

Procéder de la manière habituelle (*cf.* p. 18). Aider les élèves pour la lettre muette ou la deuxième même consonne (quitte, attaque) lorsqu'il y en a.

CV	CVC	VC	...CC...	Mots de plus d'une syllabe
qui quand	manque pique quitte	équipe*	flaque* orque* brique* disque* marque	musique moustique* pastèque* pratique fabrique liquide attaque bibliothèque* banquise*

C = consonne ; V = voyelle ; * = mots disposant d'une carte-image

Matériel
- Les lettres/groupes mobiles des CGP vues jusque-là, par élève
- Les lettres mobiles d et e gris (muets) pour l'enseignant
- Une carte-flèche par élève
- Les cartes-images banquise, bibliothèque, brique, disque, équipe, flaque, moustique, orque, pastèque

Feedback

4 Écriture manuscrite dans le cahier

Procéder de la manière habituelle (*cf.* p. 64). En fonction des capacités des élèves, la dictée de la phrase suivante peut être proposée : L'orque vit près de la banquise.

Matériel
Un cahier d'écriture et un crayon par élève

Feedback

5 Synthèse

Féliciter les élèves et synthétiser les apprentissages effectués, par exemple à l'aide des lettres mobiles.

6 Évaluation formative

• Rappeler à l'élève de se concentrer et lui demander de lire les mots successivement.

• Si l'élève réussit à lire 80 % des items, passer à la leçon ***Introduire la CGP « oi »*** (ci-après).

• Si l'élève ne réussit pas l'évaluation, faire une leçon ***Remédiation du décodage*** (*cf.* p. 26).

• Faire ensuite repasser cette évaluation formative, en modalité de pointage si nécessaire.

• Continuer à avancer (passer à la leçon ***Introduire la CGP « oi »***, ci-après) quand l'élève parvient à lire/pointer 80 % des items de cette évaluation.

Matériel

- Les cartes-mots flaque, orque, banquise, marque, moustique, équipe, attaque, manque
- Si nécessaire, trois cartes-mots d'une leçon précédente pour une évaluation par pointage

Le graphème « oi »

Introduire la CGP

1 Annonce de l'objectif de la leçon

Annoncer aux élèves qu'ils vont apprendre/revoir une nouvelle lettre.

2 Introduction de la correspondance graphème « oi » - phonème /oi/

- Demander aux élèves quel son on entend à la fin des mots (*cf.* p. 60).

- Montrer la page-graphème aux élèves : Le son /oi/ s'écrit avec ces deux lettres, le o et le i. Ces deux lettres se lisent ensemble, comme si elles se mélangeaient (les entourer). C'est pour ça qu'elles sont écrites en violet. On entend /oi/ au début de oiseau (montrer l'image). Si /oi/ est en début de phrase, ou au début d'un prénom, la première lettre, le o, s'écrit en majuscule (montrer le O majuscule).

Matériel
- Trois images de mots se terminant par /oi/ (p.e. roi, bois, croix)
- La page-graphème oi-Oi

3 Tâche de conscience phonémique : localisation du phonème

Procéder de la manière habituelle (*cf.* p. 60).

Matériel
- Les cartes-images à mélanger : chamois, coiffeur, croix, mouchoir, noix, oiseau, petit-pois, poisson, voiture, bébé, éléphant, genou
- Une carte-flèche

Feedback

4 Apprentissage du geste d'écriture avec le doigt sur le modèle en gris

Procéder de la manière habituelle (*cf.* p. 12), sur le oi minuscule puis majuscule.

Matériel
- La page-graphème oi-Oi
- Les modèles des lettres oi et Oi en gris par élève

Feedback

5 Synthèse

Féliciter les élèves et synthétiser les apprentissages effectués, par exemple en montrant la page-graphème.

Après avoir répété si nécessaire cette leçon ***Introduire la CGP* « *oi* »**, passer à la leçon ***Calligraphie*** (ci-après) avec les élèves pour qui c'est possible.

Calligraphie

Procéder à la calligraphie du oi puis du Oi selon la procédure habituelle (*cf.* p. 13).

Évaluation formative

- Demander à l'élève successivement quel son font ces lettres.
- Si l'élève réussit l'évaluation, passer à la leçon ***Décodage*** (ci-après).
- Si l'élève ne réussit pas l'évaluation, faire une leçon ***Remédiation de la CGP*** (*cf.* p. 14).
- Passer à la leçon ***Décodage*** (ci-après) quand l'élève réussit l'évaluation, que ce soit oralement ou par pointage.

Matériel
- La page-graphème oi-Oi
- Les modèles des lettres oi et Oi en gris par élève
- Un feutre effaçable, un crayon, un cahier par élève

Matériel
- Les cartes-lettres oi et Oi
- Si nécessaire, trois autres cartes-lettres pour une évaluation par pointage

Décodage

1 Annonce de l'objectif de la leçon

Annoncer aux élèves qu'ils vont s'entrainer à lire des mots et des textes avec le oi.

2 Répétition optionnelle des prérequis au décodage

Procéder de la manière habituelle pour la révision des graphèmes et la fusion de phonèmes (*cf.* p. 14).

Matériel
- Un dé sur les faces duquel on inscrit 6 graphèmes à réviser (dont le oi), en minuscule puis en majuscule
- Les cartes-images chamois, croix, noir, poire, roi
- Trois pièces de LEGO®

Feedback

3 Décodage

Donner les mots à lire aux élèves et mettre en évidence le sens des mots selon la procédure habituelle (*cf.* p. 67). Par exemple : Un oison, c'est le bébé de l'oie (montrer la carte-image de l'oie).

Matériel
- Les cartes-mots de la CGP oi du livret de lecture
- Les cartes-images avoine, bois, doigt, framboise, noir, oie, poire

Feedback

4 Lire des mots-outils

Procéder de la manière habituelle, tant pour les mots-outils à réviser que pour les nouveaux mots-outils à apprendre (*cf.* p. 15).

Matériel
- Les cartes-mots des mots à réviser : leurs, plein
- Les cartes-mots des nouveaux mots à apprendre : es, tes

Feedback

5 S'entrainer à lire plusieurs fois chaque mot

Matériel
- Les cartes-mots de la CGP oi du livret de lecture ainsi que quelques cartes-mots des leçons précédentes (p.e. plante, marque, pont)
- Les mêmes cartes-images que ci-dessus, les cartes-images des mots supplémentaires (p.e. pont)
- Les cartes-mots es, tes

Feedback

Apparier un mot écrit à son image

Prendre les cartes-mots bois, noir, oie, avoine, framboise, poire, doigt, pont, et procéder de la manière habituelle (*cf.* p. 47).

Mettre des mots dans une phrase à l'oral

Prendre les cartes-mots poil, froid, mois, proie, parfois, assoient, voit, foie, oison, mémoire, endroit, voix, choisi, toi, voir, maladroit, choix, avoir, pouvoir, boire, plante, marque, es, tes, et procéder de la manière habituelle (*cf.* p. 47).

Feedback

Trier des mots selon qu'il s'agit de verbes ou de noms (masculin ou féminin)

Trier une dizaine de cartes-mots de noms (par exemple, bois, oie, avoine, framboise, poire, doigt, pont) et des verbes (par exemple, assoient, voit, voir, marque, avoir, pouvoir, boire), tel qu'indiqué en page 47.

Feedback

6 Lire un texte

Matériel
Les cartes-textes :
- Les loups
- Les oies
- Recette de salade de fruits

Lire un texte avec plus ou moins d'étayage

Procéder de la manière habituelle (*cf.* p. 16).

Feedback

Compréhension du texte lu

Relire le texte fluidement et poser des questions en fonction du texte lu (*cf.* p. 48).

Feedback

Création de phrases

Matériel
Les cartes-mots de la leçon et quelques cartes-mots de leçons précédentes et/ou un stylo

- Créer une phrase (avec des cartes-mots et/ou en écrire une), par exemple : Les loups chassent les oies.

- La faire lire aux élèves, les interroger sur la classe grammaticale de quelques mots, puis créer d'autres phrases (*cf.* p. 63).

Feedback

S'entrainer à lire des textes fluidement

Procéder de la manière habituelle (*cf.* p. 17).

7 Synthèse

Féliciter les élèves et synthétiser les apprentissages effectués, par exemple à l'aide d'une carte-texte.

Passer ensuite à la leçon d'encodage.

Encodage

1 Annonce de l'objectif de la leçon

Annoncer aux élèves qu'ils vont s'entrainer à écrire des mots avec le oi.

2 Répétition optionnelle des prérequis à l'encodage

Demander aux élèves de pointer les lettres correspondant aux phonèmes prononcés et d'allonger les sons dans les mots selon la procédure habituelle (*cf.* p. 64).

Matériel
- Six lettres/groupes de lettres mobiles (dont le oi) à réviser
- Les carte-images armoire, arrosoir, miroir, mouchoir, poisson, tiroir

Feedback

3 Enseignement de la procédure d'encodage

Procéder de la manière habituelle (*cf.* p. 18).

CV	CVC	...CC...	Mots de plus d'une syllabe
mois	noir*	droit	pourquoi
joie	voir	froid	voiture*
choix	boire	poivre*	poisson*
roi*	poire*	trois	voisine
moi			avoir
toi			étoile*
			histoire

C = consonne ; V = voyelle ; * = mots disposant d'une carte-image

Matériel
- Les lettres/groupes mobiles des CGP vues jusque-là, par élève
- Les lettres mobiles s, e, x, t, d et h gris (muets) pour l'enseignant
- Une carte-flèche par élève
- Les cartes-images étoile, noir, poire, poisson, poivre, roi, voiture

Feedback

4 Écriture manuscrite dans le cahier

Procéder de la manière habituelle (*cf.* p. 64). En fonction des capacités des élèves, la dictée de la phrase suivante peut être proposée : La voisine a une jolie voiture.

Matériel
Un cahier d'écriture et un crayon par élève

Feedback

5 Synthèse

Féliciter les élèves et synthétiser les apprentissages effectués, par exemple à l'aide des lettres mobiles.

6 Évaluation formative

- Rappeler à l'élève de se concentrer et lui demander de lire les mots successivement.
- Si l'élève réussit à lire 80 % des items, passer à la leçon ***Révision – fin de module 8*** (ci-après).
- Si l'élève ne réussit pas l'évaluation, faire une leçon ***Remédiation du décodage*** (*cf.* p. 26).
- Faire ensuite repasser cette évaluation formative, en modalité de pointage si nécessaire.
- Continuer à avancer (passer à la leçon ***Révision – fin de module 8***, ci-après) quand l'élève parvient à lire/pointer 80 % des items de cette évaluation.

Matériel
- Les cartes-mots noir, mois, avoir, bois, doigt, choisi, parfois, mémoire
- Si nécessaire, trois cartes-mots d'une leçon précédente pour une évaluation par pointage

Révision – fin de module 8

Pour les objectifs et l'organisation des leçons de révision, *cf.* page 56.

1 Annonce de l'objectif de la leçon

Annoncer aux élèves qu'ils vont s'entrainer à relire les mots et les textes qu'ils ont déjà appris à lire, pour les lire avec de plus en plus de facilité.

2 Identification de mots

Apparier un mot écrit à son image (pour les mots imageables)

Prendre environ 15 cartes-mots et les 15 cartes-images correspondantes, et procéder de la manière habituelle (*cf.* p. 47).

Mettre des mots dans une phrase à l'oral

Prendre environ 15 cartes-mots de mots pas/peu imageables et procéder de la manière habituelle (*cf.* p. 47).

Trier des noms en fonction de leur classe grammaticale

Prendre environ 10 cartes-mots de noms et 10 cartes-mots de verbes et procéder de la manière habituelle (*cf.* p. 47).

3 Lecture de phrases et de textes

Lire des textes et répondre à des questions

Prendre environ 6 cartes-textes. Les faire lire aux élèves, les relire fluidement et poser des questions en fonction du texte lu (*cf.* p. 48).

S'entrainer à lire des textes fluidement

Demander aux élèves de relire deux ou trois fois un même texte, en leur fournissant un feedback à chaque lecture, selon la procédure habituelle (*cf.* p. 17).

Créer des phrases avec des mots

Créer des phrases avec des cartes-mots et les faire lire aux élèves (*cf.* p. 58).

4 Révision des notions de voyelle et de consonne et du fonctionnement de certaines CGP

• Prendre les cartes Voyelle et Consonne et les cartes-lettres, rappeler ce que sont les voyelles et les consonnes (*cf.* p. 36) et demander aux élèves de trier les cartes-lettres.

• Rappeler le fonctionnement de la CGP s (*cf.* ***Révision – fin de module 7*** p. 57) et demander aux élèves de lire les mots contenant cette lettre.

• Prendre les cartes-mots sonne, résonne, homme, violoniste, violon, volonté, hérisson, animal, maman, savane, panda, bambou, viande, dent. Expliquer que parfois, les lettres on, om, an, am, en, em se lisent ensemble, elles font /on/ ou /an/, comme dans violon ou panda (entourer les on et an). Parfois, elles ne se lisent pas /on/ ou /an/, mais /one/ ou /ane/, comme dans sonne ou animal (insister légèrement sur les /one/ et / ane/). Les lettres on, om, an, am, en, em ne se lisent pas ensemble quand elles sont suivies d'une voyelle ou d'un deuxième n ou m. On va observer dans quels mots ces groupes de lettres se lisent ensemble ou pas, et on va expliquer pourquoi.

• Mélanger les cartes-mots, en prendre une et modeler, par exemple : Dans violoniste, les lettres on ne font pas /on/, elles font /one/, parce qu'après il y a un i, et le i est une voyelle. Mettre les mots dans lesquels ces graphèmes font /on/ ou /an/ d'un côté, et les autres mots d'un autre côté. Donner une carte-mot à un élève et l'interroger : *Prénom*, dans ..., le on/om/en/em/an/am fait /on-an/ ou pas ? Pourquoi ? Fournir tout l'étayage nécessaire pour aider les élèves, et utiliser la procédure de feedback.

• Ne pas s'inquiéter si les élèves rencontrent des difficultés dans cet exercice. Les notions de voyelle et de consonne ainsi que le fonctionnement de ces CGP ne sont pas simples. Les élèves auront probablement besoin de plusieurs répétitions de cette activité pour se les approprier. Et même s'ils n'y parviennent pas après plusieurs répétitions, ils pourront progressivement intégrer les mots dans lesquels tel graphème fait tel phonème (voie d'adressage).

Matériel
- Les cartes Voyelle et Consonne
- La carte résumant le fonctionnement de la CGP s
- Les cartes-lettres a, u, i, o, é et r, b, t, p, n
- Les carte-mots fusil, trésor, usine, valise, poste, sabre, soupe, piste

Matériel
- les cartes-mots sonne, résonne, homme, violoniste, violon, volonté, hérisson, animal, maman, savane, panda, bambou, viande, dent *(à imprimer éventuellement en noir et blanc)*

5 Synthèse

Féliciter les élèves et synthétiser les apprentissages effectués pendant la leçon.

module 9

Les graphèmes « e », « er-ez-et », « in-im »

plan du module

Le graphème « e »
Les graphèmes « er-ez-et » en fin de mot
Les graphèmes « in-im »

matériel

matériel collectif

- Les pages-graphèmes e-E, er-ez-et, in-In, im-Im
- Le livret de lecture
- Des cartes pour les activités de tri
- Des cartes-images
- Des cartes-flèches
- Des pièces de LEGO®

matériel individuel par élève

- Des modèles de lettres e-E, er-ez-et, in-im – In-Im en gris
- Un feutre effaçable
- Un crayon ou stylo
- Un cahier d'écriture

Introduire la CGP

1 Annonce de l'objectif de la leçon

Annoncer aux élèves qu'ils vont apprendre/revoir une nouvelle lettre.

2 Introduction du graphème e

Prendre la page-graphème e-E : Vous vous souvenez, on a déjà vu cette lettre, soit quand elle ne fait pas de son à la fin des mots, soit quand elle fait /é/ ou /è/ avec un accent. C'est la lettre e. Le e peut aussi faire /œu/ comme dans requin (insister légèrement sur le /œu/). Le e peut aussi faire /è/ comme dans veste (insister légèrement sur le /è/). Montrer aux élèves la graphie minuscule et la graphie majuscule.

Matériel
La page-graphème e-E

3 Tâche de conscience phonémique : localisation du phonème

Expliquer aux élèves qu'ils vont d'abord s'entrainer à écouter le son /œu/, un des sons que peut faire la lettre e. Procéder de la manière habituelle (*cf.* p. 60).

Matériel
- Les cartes-images chemin, chemise, cheval, melon, pamplemousse, renard, requin, tournesol, jupe, banquise, poire
- Une carte-flèche

Feedback

Expliquer aux élèves qu'ils vont maintenant s'entrainer à écouter l'autre son que peut faire la lettre e, le son /è/. Procéder de la manière habituelle (*cf.* p. 60).

Matériel
- Les cartes-images allumette, assiette, poubelle, lettre, lunettes, verre, veste, tartine, valise
- Une carte-flèche

Feedback

4 Apprentissage du geste d'écriture avec le doigt sur le modèle en gris

Procéder de la manière habituelle (*cf.* p. 12), sur le e minuscule puis majuscule.

Matériel
- La page-graphème e-E
- Les modèles des lettres e et E en gris par élève

Feedback

5 Synthèse

Féliciter les élèves et synthétiser les apprentissages effectués avec la page-graphème.

Après avoir répété si nécessaire cette leçon ***Introduire la CGP «e»***, passer à la leçon ***Calligraphie*** (ci-après) avec les élèves pour qui c'est possible.

Calligraphie

Procéder à la calligraphie du e puis du E de la manière habituelle (*cf.* p. 13).

Matériel
- La page-graphème e-E
- Les modèles des lettres e et E en gris par élève
- Un feutre effaçable, un crayon, un cahier par élève

Évaluation formative

- Demander à l'élève successivement quel son font ces lettres.
- Si l'élève réussit l'évaluation, passer à la leçon ***Décodage*** (ci-après).
- Si l'élève ne réussit pas l'évaluation, faire une leçon ***Remédiation de la CGP*** (*cf.* p. 14).
- Passer à la leçon ***Décodage*** (ci-après) quand l'élève réussit l'évaluation, que ce soit oralement ou par pointage.

Matériel
- Les cartes-lettres e et E
- Si nécessaire, trois autres cartes-lettres pour une évaluation par pointage

Décodage

1 Annonce de l'objectif de la leçon

Annoncer aux élèves qu'ils vont s'entrainer à lire des mots et des textes avec le e.

2 Répétition optionnelle des prérequis au décodage

Procéder de la manière habituelle pour la révision des graphèmes et la fusion de phonèmes (*cf.* p. 14).

Matériel
- Un dé sur les faces duquel on inscrit 6 graphèmes à réviser (dont le e), en minuscule puis en majuscule
- Les cartes-images cheveu, melon, requin, verre, veste
- Quatre pièces de LEGO®

Feedback

3 Décodage

- Le fonctionnement de la CGP e est relativement instable. Ce graphème se prononce souvent /è/ lorsqu'il est suivi de deux consonnes (veste, restaurant, dessin, espoir, derrière, poubelle) et /œu/ quand il est suivi d'une seule consonne (chemise, mesure, cerise, devoir, renard). Il y a toutefois plusieurs exceptions à cette régularité, dans le sens de e suivi de deux consonnes qui se prononcent /œu/ (dessous, ressource, degré, recharge), cela pour des raisons de morphologie ou de composition syllabique. Il existe également plusieurs cas de figures où le e n'est pas prononcé (samedi, boulangerie).
- Il vaut donc mieux laisser les élèves décoder les mots contenant cette CGP e et leur fournir un feedback correctif si nécessaire. Par exemple, si un enfant dit /rènard/, lui dire : On dit /renard/. Si un enfant dit /salœuté/, lui dire : On dit /salté/. Ils pourront ensuite progressivement intégrer de quelle manière se lisent tels mots (voie d'adressage).
- Si les élèves retiennent bien ce que sont les voyelles et les consonnes, le fonctionnement général de la CGP e peut tout de même leur être présenté comme suit : rappeler ce que sont les voyelles et les consonnes (*cf.* p. 36). Montrer la page-graphème e-E et dire : Vous vous souvenez, on a vu que le e sans accent peut faire le son /œu/, comme dans requin, ou le son /è/, comme dans veste. En général, quand le e est suivi de deux consonnes, il se prononce /è/. Prendre la carte-mot reste et expliquer : Par exemple, dans ce mot, le e est suivi de deux consonnes, s et t, donc il se prononce

Matériel
- La page-graphème e-E
- Les cartes-mots saleté, fenêtre, appartement, naturellement, refuse, rapidement, retrouve, propreté, tellement, jeton, environnement, devienne, petit, cheval, renard
- Les cartes-mots avec la CGP e du livret de lecture
- Les cartes-images cheval, fenêtre, poubelle, renard, verre, chemise, lettre, Terre, univers, lunettes, melon

/è/, /reste/ (lire le mot lentement en suivant avec le doigt). Mettre cette carte-mot d'un côté de la table. Prendre la carte-mot renard et expliquer : Dans ce mot, le e est suivi d'une seule consonne, le n ; le a est une voyelle (montrer les lettres successivement). Donc ici le e se prononce /œu/, /renard/ (lire le mot lentement en suivant avec le doigt). Mettre cette carte-mot d'un autre côté de la table.

- Modeler si nécessaire sur deux autres mots puis donner les mots à lire aux élèves en leur fournissant tout l'étayage nécessaire pour déterminer le phonème correspondant aux e et en utilisant la procédure de feedback. Une fois lues, mettre les cartes-mots du côté de la table correspondant à la façon dont le e se prononce, c'est-à-dire sous la carte-mot reste ou sous la carte-mot renard ; mettre les cartes-mots contenant deux e qui se prononcent différemment (naturellement, tellement, devienne) au milieu.

- Ne pas oublier de mettre en évidence le sens des mots selon la procédure habituelle (*cf.* p. 67). Par exemple : Préserver, ça veut dire protéger, par exemple : il faut préserver la nature.

- Lorsqu'un mot peut avoir différentes significations (ferme), ou lorsque l'orthographe du mot en détermine le sens (Terre/terre, verre), l'expliquer aux élèves.

Feedback

4 Lire des mots-outils

Matériel
Les cartes-mots des mots à réviser : son, en, y, de, Mais

Procéder de la manière habituelle pour les mots-outils à réviser (*cf.* p. 15).

Feedback

5 S'entrainer à lire plusieurs fois chaque mot

Matériel
- Les cartes-mots de la CGP e du livret de lecture ainsi que quelques cartes-mots des leçons précédentes (p.e. temps, moustique, noir)
- Les mêmes cartes-images que ci-dessus ainsi que les cartes-images des mots supplémentaires (p.e. moustique, noir)
- Les cartes-mots son, en, y, de, Mais
- Les cartes Verbe, Nom, Masculin, Féminin, Adjectif

Apparier un mot écrit à son image

Prendre les cartes-mots fenêtre, cheval, renard, poubelle, univers, Terre, verre, veste, melon, lettre, lunettes, moustique, noir, chemise, et procéder de la manière habituelle (*cf.* p. 47).

Feedback

Mettre des mots dans une phrase orale

Prendre les cartes-mots saleté, appartement, naturellement, refuse, rapidement, retrouve, propreté, tellement, jeton, environnement, devienne, petit, cette, terrible, jette, super, mettre, quelques, personne, reste, ferme, perd, espoir, s'appelle, préservons, belle, nouvelle, tristesse, temps, son, en, y, de, Mais, et procéder de la manière habituelle (*cf.* p. 47).

Feedback

Trier des mots selon qu'il s'agit de verbes, de noms ou d'adjectifs

- Trier des cartes-mots de noms (fenêtre, cheval, poubelle), de verbes (refuse, retrouve, devienne, jette) et d'adjectifs (petit, terrible, super, belle, nouvelle).

- Disposer les cartes Verbe, Nom, Masculin, Féminin et Adjectif sur la table, comme indiqué ci-dessous. Vous vous rappelez, les verbes (montrer la carte Verbe) sont des mots qui expliquent ce qui est fait, comme manger. Les verbes se disent avec je, tu, il, par exemple je mange, tu manges, il mange. Les noms (montrer la carte Nom) sont des mots qu'on peut dire avec un ou une, comme un vélo, une table. Si on dit un, comme un vélo, c'est un nom masculin (montrer). Si on dit une, comme une table, c'est un nom féminin (montrer). Aujourd'hui, on va ajouter une nouvelle catégorie, les adjectifs (montrer la carte). Les adjectifs sont des mots qui vont avec les noms, ils expliquent comment sont les noms. Prendre la carte-mot petit : Par exemple, petit, on peut dire un petit (montrer la carte Adjectif) chien (montrer la carte Nom). Ce mot explique comment est le chien, il est petit. Modeler sur un autre mot : prendre la carte-mot nouvelle : Nouvelle, on peut dire une nouvelle (montrer la carte Adjectif) voiture (montrer la carte Nom). Ce mot explique comment est la voiture, elle est nouvelle.

• Interroger les élèves à tour de rôle, en leur demandant de lire le mot et en leur fournissant tout l'étayage nécessaire pour le classement des mots. Par exemple, pour cheval : Est-ce qu'on dit je cheval (montrer la carte Verbe) ou un cheval (montrer la carte Nom) ? Pour retrouve : Est-ce qu'on dit je retrouve (montrer la carte Verbe) ou un retrouve (montrer la carte Nom) ? Pour belle : Est-ce qu'on dit je belle (montrer la carte Verbe) ou une robe (montrer la carte Nom) qui est belle (montrer la carte Adjectif) ?

Verbe	Nom	Adjectif
	Masculin	Féminin

→ **Feedback**

6 Lire un texte

Faire lire les textes aux élèves et leur poser des questions selon la procédure habituelle (*cf.* p. 48).

→ **Matériel**
Les cartes-textes :
– Eugène Poubelle
– Les planètes

→ **Feedback**

Création de phrases

• Créer une phrase (avec des cartes-mots et/ou en écrire une), par exemple : On voit un renard par la fenêtre.

• La faire lire aux élèves, les interroger sur la classe grammaticale de quelques mots, puis créer d'autres phrases (*cf.* p. 63).

→ **Matériel**
Les cartes-mots de la leçon et quelques cartes-mots de leçons précédentes et/ou un stylo

→ **Feedback**

S'entrainer à lire des textes fluidement

Procéder de la manière habituelle (*cf.* p. 17).

7 Synthèse

Féliciter les élèves et synthétiser les apprentissages effectués à l'aide d'une carte-texte.

Passer ensuite à la leçon d'encodage.

Encodage

1 Annonce de l'objectif de la leçon

Annoncer aux élèves qu'ils vont s'entrainer à écrire des mots avec le e.

2 Répétition optionnelle des prérequis à l'encodage

Demander aux élèves de pointer les lettres correspondant aux phonèmes prononcés et d'allonger les sons dans les mots selon la procédure habituelle (*cf.* p. 64).

Matériel
- Six lettres/groupes de lettres mobiles (dont le e) à réviser
- Les cartes-images chemise, cheval, mer, miel, verre

Feedback

3 Enseignement de la procédure d'encodage

Procéder de la manière habituelle (*cf.* p. 18) avec les mots suivants : petit, hiver, cheval*, renard*, super, belle, question, fenêtre*, souvenir, appelle, cherche, repose, samedi, veste*, demande, verre*, poubelle*, repas, chemise*.

Matériel
- Les lettres/groupes mobiles des CGP vues jusque-là, par élève
- Les lettres mobiles t, h, d, e et s gris (muets) pour l'enseignant
- Une carte-flèche par élève
- Les cartes-images chemise, cheval, fenêtre, poubelle, renard, verre, veste

Feedback

4 Écriture manuscrite dans le cahier

Procéder de la manière habituelle (*cf.* p. 64). La dictée de la phrase suivante peut être proposée : Le cheval se repose.

Matériel
Un cahier d'écriture et un crayon par élève

Feedback

5 Synthèse

Féliciter les élèves et synthétiser les apprentissages effectués, par exemple à l'aide des lettres mobiles.

6 Évaluation formative

- Rappeler à l'élève de se concentrer et lui demander de lire les mots successivement.
- Si l'élève réussit à lire 80 % des items, passer à la leçon ***Introduire les CGP « er-ez-et »*** (ci-après).
- Si l'élève ne réussit pas l'évaluation, faire une leçon ***Remédiation du décodage*** (*cf.* p. 26).
- Faire ensuite repasser cette évaluation formative, en modalité de pointage si nécessaire.
- Continuer à avancer (passer à la leçon ***Introduire les CGP « er-ez-et »***, ci-après) quand l'élève parvient à lire/pointer 80 % des items de cette évaluation.

Matériel
- Les cartes-mots poubelle, renard, cheval, mettre, ferme, saleté, refuse, retrouve
- Si nécessaire, trois cartes-mots d'une leçon précédente pour une évaluation par pointage

Introduire les CGP

1 Annonce de l'objectif de la leçon

Annoncer aux élèves qu'ils vont apprendre/revoir de nouveaux groupes de lettres.

2 Introduction des graphèmes « er-ez-et » en fin de mot

Prendre la page-graphème et expliquer : En fin de mot, ces lettres se lisent ensemble, comme si elles se mélangeaient (les entourer successivement avec le doigt), c'est pour ça qu'elles sont écrites en violet. Er et ez font le son /é/, comme dans escalier ou nez. Et fait le son /è/ comme dans poulet.

Matériel
La page-graphème er-ez-et

3 Tâche de conscience phonémique : localisation du phonème

• Expliquer : Ces lettres font ensemble les sons /é/ ou /è/ quand elles sont à la fin des mots. On va s'entrainer à dire si on entend les sons /é/ ou /è/ à la fin des mots, ou si ce sont des pièges, c'est-à-dire si on n'entend ni /é/ ni /è/ à la fin des mots.

• Prendre la carte-image tablier et dire : Par exemple, dans tablier (prononcer le mot lentement en suivant sur la flèche avec le doigt), est-ce qu'on entend /é/ à la fin du mot (montrer la fin de la flèche) ? Oui, on entend /é/ à la fin de tablier. Laisser la carte-image au milieu de la table. Prendre la carte-mot ananas et dire : Dans ananas (prononcer le mot lentement en suivant sur la flèche avec le doigt), est-ce qu'on entend /é/ à la fin du mot (montrer la fin de la flèche) ? Non, on n'entend pas /é/ à la fin de ananas. Mettre la carte-image de côté.

• Interroger les élèves à tour de rôle.

Matériel
- Les cartes-images à mélanger : bonnet, collier, escalier, panier, papier, poulet, tablier, tabouret, ananas, bol, four
- Une carte-flèche

Feedback

4 Apprentissage du geste d'écriture avec le doigt sur le modèle en gris

Procéder de la manière habituelle (*cf.* p. 12).

Matériel
- La page-graphème er-ez-et
- Les modèles des lettres er, ez, et en gris par élève

Feedback

5 Synthèse

Féliciter les élèves et synthétiser les apprentissages effectués avec la page-graphème.

6 Évaluation formative

Après avoir répété si nécessaire cette leçon ***Introduire les CGP «er-ez-et»***, passer à la leçon ***Calligraphie*** (ci-après) avec les élèves pour qui c'est possible.

Calligraphie

Procéder à la calligraphie des er, ez et et selon la procédure habituelle (*cf.* p. 13).

Matériel
- La page-graphème er-ez-et
- Les modèles des lettres er, ez, et en gris par élève
- Un feutre effaçable, un crayon, un cahier par élève

Évaluation formative

- Demander à l'élève successivement quel son font ces lettres.
- Si l'élève réussit l'évaluation, passer à la leçon ***Décodage*** (ci-après).
- Si l'élève ne réussit pas l'évaluation, faire une leçon ***Remédiation de la CGP*** (*cf.* p. 14).
- Passer à la leçon ***Décodage*** (ci-après) quand l'élève réussit l'évaluation, que ce soit oralement ou par pointage.

Matériel
- Les cartes-lettres er, ez, et
- Si nécessaire, trois autres cartes-lettres pour une évaluation par pointage

Décodage

1 Annonce de l'objectif de la leçon

Annoncer aux élèves qu'ils vont s'entrainer à lire des mots et des textes avec les er, ez, et.

2 Répétition optionnelle des prérequis au décodage

Procéder de la manière habituelle pour la révision des graphèmes et la fusion de phonèmes (*cf.* p. 14).

Matériel
- Un dé sur les faces duquel on inscrit 6 graphèmes à réviser (dont les er, ez, et), en minuscule puis en majuscule
- Les cartes-images boucher, nez, poulet, violet
- Quatre pièces de LEGO®

Feedback

3 Décodage

Donner les mots à lire aux élèves et mettre en évidence le sens des mots selon la procédure habituelle (*cf.* p. 67). Par exemple : Enfourner, ça veut dire mettre dans le four. On met un plat dans le four pour le cuire.

Matériel
- Les cartes-mots des CGP er-ez-et du livret de lecture
- Les cartes-images atelier, chantier, nez, poulet, robinet, saladier, tablier, violet

Feedback

4 Lire des mots-outils

Procéder de la manière habituelle pour les mots-outils à réviser (*cf.* p. 15).

Matériel
Les cartes-mots des mots à réviser : un, une, le, C'est, ne

Feedback

5 S'entrainer à lire plusieurs fois chaque mot

Apparier un mot écrit à son image

Prendre les cartes-mots poulet, fermier, tablier, robinet, saladier, boucher, nez, chantier, atelier, violet, viande, bois, et procéder de la manière habituelle (*cf.* p. 47)

Mettre des mots dans une phrase orale

Prendre les cartes-mots préparer, fermier, diner, premier, laver, déposer, saler, poivrer, huiler, enfourner, tourner, métier, pratiquer, poissonnier, boucher, bijoutier, chez, ouvrier, menuisier, objets, mettre, dernier, assez, un, une, le, C'est, ne, et procéder de la manière habituelle (*cf.* p. 47).

Trier des mots selon qu'il s'agit de verbes, de noms ou d'adjectifs

• Prendre des cartes-mots de noms (poulet, tablier, nez), de verbes (préparer, laver, tourner, mettre) et d'adjectifs (violet) les mélanger et les mettre en pile, face cachée.

• Disposer les cartes Verbe, Nom, Masculin, Féminin et Adjectif sur la table, comme indiqué ci-dessous. Vous vous rappelez, les verbes (montrer la carte Verbe) sont des mots qui expliquent ce qui est fait, comme manger. Les verbes se disent avec je, tu, il, par exemple je mange, tu manges, il mange. Les noms (montrer la carte Nom) sont des mots qu'on peut dire avec un ou une, comme un vélo, une table. Si on dit un, comme un vélo, c'est un nom masculin (montrer). Si on dit une, comme une table, c'est un nom féminin (montrer). Les adjectifs (montrer la carte) sont des mots qui vont avec les noms, ils expliquent comment sont les noms, par exemple un petit (montrer la carte Adjectif) chien (montrer la carte Nom).

• Interroger les élèves à tour de rôle, en leur demandant de lire le mot et en leur fournissant tout l'étayage nécessaire pour le classement des mots. Par exemple, pour poulet : Est-ce qu'on dit je poulet (montrer la carte Verbe) ou un poulet (montrer la carte Nom) ? Pour préparer : Est-ce qu'on dit je prépare (montrer la carte Verbe) ou un prépare (montrer la carte Nom) ? Pour violet : Est-ce qu'on dit je violet (montrer la carte Verbe) ou un pull (montrer la carte Nom) violet (montrer la carte adjectif) ?

Verbe	Nom	Adjectif
	Masculin	Féminin

Matériel
- Les cartes-mots des CGP er-ez-et du livret de lecture ainsi que quelques cartes-mots des leçons précédentes (p.e. mettre, viande, bois)
- Les mêmes cartes-images que ci-dessus ainsi que les cartes-images supplémentaires (p.e. bois, viande)
- Les cartes-mots un, une, le, C'est, ne
- Les cartes Verbe, Nom, Masculin, Féminin, Adjectif

Feedback

Feedback

6 Lire un texte

Faire lire les textes aux élèves et leur poser des questions selon la procédure habituelle (*cf.* p. 48).

Matériel
Les cartes-textes :
- La recette du poulet fermier
- Les métiers

Feedback

Création de phrases

• Créer une phrase (avec des cartes-mots et/ou en écrire une), par exemple : J'adore le poulet rôti.

• La faire lire aux élèves, les interroger sur la classe grammaticale de quelques mots, puis créer d'autres phrases (*cf.* p. 63).

Matériel
Les cartes-mots de la leçon et quelques cartes-mots de leçons précédentes et/ou un stylo

Feedback

S'entrainer à lire des textes fluidement

Procéder de la manière habituelle (*cf.* p. 17).

7 Synthèse

Féliciter les élèves et synthétiser les apprentissages effectués à l'aide d'une carte-texte.

Passer ensuite à la leçon d'encodage.

Encodage

1 Annonce de l'objectif de la leçon

Annoncer aux élèves qu'ils vont s'entrainer à écrire des mots avec les er, ez, et.

2 Répétition optionnelle des prérequis à l'encodage

Demander aux élèves de pointer les lettres correspondant aux phonèmes prononcés et d'allonger les sons dans les mots selon la procédure habituelle (cf. p. 64).

Matériel
- Six lettres/groupes de lettres mobiles (dont les er, ez, et) à réviser
- Les cartes-images chalet, chevalier, fouet, rocher, violet

Feedback

3 Enseignement de la procédure d'encodage

Procéder de la manière habituelle (cf. p. 18) avec les mots suivants : poulet*, diner, chez, jouet, nez*, parler, toucher, assez, trajet, ouvrier, sachet*, violet*, papier*, janvier, métier, aller, passer, porter, dernier, premier, bonnet*, robinet*.

Matériel
- Les lettres/groupes mobiles des CGP vues jusque-là, par élève
- Une carte-flèche par élève
- Les cartes-images bonnet, nez, papier, poulet, robinet, sachet, violet.

Feedback

4 Écriture manuscrite dans le cahier

Procéder de la manière habituelle (cf. p. 64). La dictée de la phrase suivante peut être proposée : L'ouvrier prépare le diner.

Matériel
Un cahier d'écriture et un crayon par élève

Feedback

5 Synthèse

Féliciter les élèves et synthétiser les apprentissages effectués à l'aide des lettres mobiles.

6 Évaluation formative

- Rappeler à l'élève de se concentrer et lui demander de lire les mots successivement.
- Si l'élève réussit à lire 80 % des items, passer à la leçon ***Introduire les CGP « in-im »*** (ci-après).
- Si l'élève ne réussit pas l'évaluation, faire une leçon ***Remédiation du décodage*** (cf. p. 26).
- Faire ensuite repasser cette évaluation formative, en modalité de pointage si nécessaire.
- Continuer à avancer (passer à la leçon ***Introduire les CGP « in-im »***, ci-après) quand l'élève parvient à lire/pointer 80 % des items de cette évaluation.

Matériel
- Les cartes-mots poulet, souper, fermier, premier, tablier, métier, nez, chez
- Si nécessaire, trois cartes-mots d'une leçon précédente pour une évaluation par pointage

Les graphèmes « in-im »

Introduire les CGP

1 Annonce de l'objectif de la leçon

Annoncer aux élèves qu'ils vont apprendre/revoir de nouveaux groupes de lettres.

2 Introduction de la correspondance graphèmes « in-im » - phonème /in/

• Demander aux élèves quel son on entend à la fin des mots (*cf.* p. 60).

• Montrer la page-graphème aux élèves : Le son /in/ peut s'écrire de deux façons, mais toujours avec deux lettres : soit i et n (montrer), soit i et m (montrer). Ces deux lettres se lisent ensemble, comme si elles se mélangeaient (les entourer). C'est pour ça qu'elles sont écrites en violet. On entend /in/ au début de insecte et de imprimante (montrer les images). Si /in/ est en début de phrase, ou au début d'un prénom, la première lettre, le i, s'écrit en majuscule (montrer les I majuscules).

Matériel
- Trois images de mots se terminant par /in/ (p.e. poussin, sapin, lapin)
- La page-graphème in-In – im-Im

3 Tâche de conscience phonémique : localisation du phonème

Procéder de la manière habituelle (*cf.* p. 60).

Matériel
- Les cartes-images à mélanger : incendie, imprimante, insecte, lapin, linge, poussin, sapin, singe, timbre, lunettes, renard, voiture
- Une carte-flèche

Feedback

4 Apprentissage du geste d'écriture avec le doigt sur le modèle en gris

Procéder de la manière habituelle (*cf.* p. 12), sur le in minuscule puis majuscule, et ensuite sur le im minuscule puis majuscule.

Matériel
- La page-graphème in-In – im-Im
- Les modèles des lettres in, im, In et Im en gris par élève

Feedback

5 Synthèse

Féliciter les élèves et synthétiser les apprentissages effectués en montrant la page-graphème.

6 Évaluation formative

Après avoir répété si nécessaire cette leçon ***Introduire les CGP* « *in-im* »**, passer à la leçon ***Calligraphie*** (ci-après) avec les élèves pour qui c'est possible.

Calligraphie

Procéder à la calligraphie du in-In, puis du im-Im, selon la procédure habituelle (*cf.* p. 13).

Évaluation formative

- Demander à l'élève successivement quel son font ces lettres.
- Si l'élève réussit l'évaluation, passer à la leçon ***Décodage*** (ci-après).
- Si l'élève ne réussit pas l'évaluation, faire une leçon ***Remédiation de la CGP*** (*cf.* p. 14).
- Passer à la leçon ***Décodage*** (ci-après) quand l'élève réussit l'évaluation, que ce soit oralement ou par pointage.

Matériel
- La page-graphème in-In – im-Im
- Les modèles des lettres in, im, In et Im en gris par élève
- Un feutre effaçable, un crayon, un cahier par élève

Matériel
- Les cartes-lettres in, In, im et Im
- Si nécessaire, trois autres cartes-lettres pour une évaluation par pointage

Décodage

1 Annonce de l'objectif de la leçon

Annoncer aux élèves qu'ils vont s'entrainer à lire des mots et des textes avec les in-im.

2 Répétition optionnelle des prérequis au décodage

Procéder de la manière habituelle pour la révision des graphèmes et la fusion de phonèmes (*cf.* p. 14).

Matériel
- Un dé sur les faces duquel on inscrit 6 graphèmes à réviser (dont les in-im), en minuscule puis en majuscule
- Les cartes-images lapin, lutin, poussin, sapin, singe
- Quatre pièces de LEGO®

Feedback

3 Décodage

- Prendre les cartes bottines, terminer, fini, minuit, jardinier, épinards, machine et expliquer : Parfois, les lettres in et im se suivent mais elles ne font pas /in/. C'est quand elles sont suivies d'un deuxième n ou m ou alors quand elles sont suivies d'une voyelle (montrer les in et im qui ne font pas /in/). Par exemple, dans bottines, le i-n (montrer) ne fait pas /in/, il fait /ine/, /i/ et /n/ (montrer les deux lettres successivement). C'est parce qu'après le n il y a un e, et le e est une voyelle. Ici, quand in et im font ensemble le son /in/, elles sont écrites en violet.

- Donner les mots à lire aux élèves et mettre en évidence le sens des mots selon la procédure habituelle (*cf.* p. 67). Par exemple : Être dans le pétrin, c'est avoir des ennuis, des problèmes.

Matériel
- Les cartes-mots des CGP in-im du livret de lecture
- Les cartes-images bottines, chemin, épinards, jardin, lutin, lapin, romarin, sapin

Feedback

4 Lire des mots-outils

Procéder de la manière habituelle pour les mots-outils à réviser (*cf.* p. 15).

Matériel
Les cartes-mots des mots à réviser : avec, sous, Elle, est

Feedback

5 S'entrainer à lire plusieurs fois chaque mot

Matériel
- Les cartes-mots des CGP in-im du livret de lecture ainsi que quelques mots des leçons précédentes (p.e. poubelle, poire, poulet)
- Les mêmes cartes-images que ci-dessus ainsi que les cartes-images des mots supplémentaires (p.e. poubelle, poire, poulet)
- Les cartes-mots avec, sous, Elle, est

Apparier un mot écrit à son image

Prendre les cartes-mots bottines, lutin, lapin, sapin, chemin, jardin, épinard, romarin, poubelle, poire, poulet et procéder de la manière habituelle (*cf.* p. 47).

Feedback

Mettre des mots dans une phrase orale

Prendre les cartes-mots inquiet, terminer, impuissant, matin, insu, individu, fini, impressionné, invité, minuit, introduire, installe, instant, pétrin, s'inquiéter, interdit, imprudent, voisin, jardinier, brin, festin, malin, machine, important, intéressant, avec, sous, Elle, est, et procéder de la manière habituelle (*cf.* p. 47).

Feedback

Trier des mots selon qu'il s'agit de verbes, de noms ou d'adjectifs

Trier des cartes-mots de noms (par exemple, lapin, sapin, machine, matin, festin), de verbes (introduire, installe, s'inquiéter) et d'adjectifs (inquiet, important, intéressant) et procéder tel qu'indiqué en page 85.

Feedback

6 Lire un texte

Matériel
Les cartes-textes :
- Les lutins
- Pierre Lapin

Pour la première carte-texte, annoncer : On va lire une adaptation d'un conte qui a été diffusé par deux frères, les frères Grimm, en 1812. Un conte, c'est une histoire imaginaire, une histoire qui n'est pas vraie, qui est inventée. Ce conte s'appelle « Les lutins ».

Pour la deuxième carte-texte, annoncer : On va lire une adaptation d'une histoire qui a été écrite par Béatrix Potter en 1902. C'est aussi une histoire inventée, c'est Béatrix Potter qui l'a inventée, elle est l'autrice de cette histoire. L'histoire s'appelle « Pierre Lapin ».

Faire lire les textes aux élèves et leur poser des questions selon la procédure habituelle (*cf.* p. 48).

Feedback

Création de phrases

Matériel
Les cartes-mots de la leçon et quelques cartes-mots de leçons précédentes et/ou un stylo

- Créer une phrase (avec des cartes-mots et/ou en écrire une), par exemple : Les renards sont malins.
- La faire lire aux élèves, les interroger sur la classe grammaticale de quelques mots, puis créer d'autres phrases (*cf.* p. 63).

Feedback

S'entrainer à lire des textes fluidement

Procéder de la manière habituelle (*cf.* p. 17).

7 Synthèse

Féliciter les élèves et synthétiser les apprentissages effectués à l'aide d'une carte-texte.

Passer ensuite à la leçon d'encodage.

Encodage

1 Annonce de l'objectif de la leçon

Annoncer aux élèves qu'ils vont s'entrainer à écrire des mots avec les in-im.

2 Répétition optionnelle des prérequis à l'encodage

Demander aux élèves de pointer les lettres correspondant aux phonèmes prononcés et d'allonger les sons dans les mots selon la procédure habituelle (*cf.* p. 64).

Matériel
- Six lettres/groupes de lettres mobiles (dont les in-im) à réviser
- Les carte-images chemin, linge, moulin, raisin, singe

Feedback

3 Enseignement de la procédure d'encodage

Procéder de la manière habituelle (*cf.* p. 18) avec les mots suivants : matin, chemin*, inviter, impossible, important, lapin*, infirmier, poussin*, jardin*, timbre*, inventer, simple, sapin*, instant, voisin, interdit, malin, inquiet, vingt, moulin*.

Matériel
- Les lettres/groupes mobiles des CGP vues jusque-là par élève
- Les lettres mobiles e, t et g gris (muets) pour l'enseignant
- Une carte-flèche par élève
- Les cartes-images chemin, jardin, lapin, moulin, poussin, sapin, timbre

Feedback

4 Écriture manuscrite dans le cahier

Procéder de la manière habituelle (*cf.* p. 64). La dictée de la phrase suivante peut être proposée : Le poussin se promène dans le jardin.

Matériel
Un cahier d'écriture et un crayon par élève

Feedback

5 Synthèse

Féliciter les élèves et synthétiser les apprentissages effectués à l'aide des lettres mobiles.

6 Évaluation formative

- Rappeler à l'élève de se concentrer et lui demander de lire les mots successivement.
- Si l'élève réussit à lire 80 % des items, passer à la leçon ***Révision – fin de module 9*** (ci-après).
- Si l'élève ne réussit pas l'évaluation, faire une leçon ***Remédiation du décodage*** (*cf.* p. 26).
- Faire ensuite repasser cette évaluation formative, en modalité de pointage si nécessaire.
- Continuer à avancer (passer à la leçon ***Révision – fin de module 9***, ci-après) quand l'élève parvient à lire/pointer 80 % des items de cette évaluation.

Matériel
- Les cartes-mots matin, invité, inquiet, lapin, chemin, jardin, sapin, lutin
- Si nécessaire, trois cartes-mots d'une leçon précédente pour une évaluation par pointage

Révision – fin de module 9

Pour les objectifs et l'organisation des leçons de révision, *cf.* p. 56.

1 Annonce de l'objectif de la leçon

Annoncer aux élèves qu'ils vont s'entrainer à relire les mots et les textes qu'ils ont déjà appris à lire, pour les lire avec de plus en plus de facilité.

2 Révision des notions de voyelle et de consonne et du fonctionnement de certaines CGP

Matériel
- Les cartes Voyelle et Consonne
- Les cartes-lettres a, u, i, o, é et r, b, t, p, n
- Les cartes-mots bottines, terminer, minuit, jardinier, épinards, fini, machine, animal, inquiet, invité, lapin, imprudent, lutin, matin, individu (*à imprimer éventuellement en noir et blanc*)

• Prendre les cartes Voyelle et Consonne et les cartes-lettres, rappeler ce que sont les voyelles et les consonnes (*cf.* p. 36) et demander aux élèves de trier les cartes-lettres.

• Prendre les cartes-mots et expliquer que parfois, les lettres in et im se lisent ensemble, elles font /in/, comme dans lutin ou invité (entourer les in). Parfois elles ne se lisent pas /in/ mais /ine/ ou /ime/, comme dans minuit (insister légèrement sur le /ine/). Les lettres in et im ne se lisent pas ensemble quand elles sont suivies d'une voyelle ou d'un deuxième n ou m. On va observer dans quels mots ces groupes de lettres se lisent ensemble ou pas, et on va expliquer pourquoi.

• Mélanger les cartes-mots, en prendre une et modeler, par exemple : Dans terminer, les lettres in ne font pas /in/, elles font /ine/, parce qu'après il y a un e, et le e est une voyelle. Mettre les mots dans lesquels ces graphèmes font /in/ d'un côté, et les autres mots d'un autre côté. Donner une carte-mot à un élève et l'interroger : *Prénom*, dans ..., le in fait /in/ ou pas ? Pourquoi ? Fournir tout l'étayage nécessaire pour aider les élèves, et utiliser la procédure de feedback.

• Ne pas s'inquiéter si les élèves rencontrent des difficultés dans cet exercice. Les notions de voyelle et de consonne ainsi que le fonctionnement de ces CGP ne sont pas simples. Les élèves auront probablement besoin de plusieurs répétitions de cette activité pour se les approprier. Et même s'ils n'y parviennent pas après plusieurs répétitions, ils pourront progressivement intégrer les mots dans lesquels tel graphème fait tel phonème (voie d'adressage).

3 Identification de mots

Apparier un mot écrit à son image (pour les mots imageables)

Prendre environ 15 cartes-mots et les 15 cartes-images correspondantes, et procéder de la manière habituelle (*cf.* p. 47).

Mettre des mots dans une phrase orale

Prendre environ 15 cartes-mots de mots pas/peu imageables et procéder de la manière habituelle (*cf.* p. 47).

Trier des noms en fonction de leur classe grammaticale

Prendre environ 15 cartes-mots de noms, de verbes et d'adjectifs et procéder de la manière habituelle (*cf.* p. 85).

4 Lecture de phrases et de textes

Lire des textes et répondre à des questions

Prendre environ 6 cartes-textes. Les faire lire aux élèves, les relire fluidement et poser des questions en fonction du texte lu (*cf.* p. 48).

S'entrainer à lire des textes fluidement

Demander aux élèves de relire deux ou trois fois un même texte, en leur fournissant un feedback à chaque lecture, selon la procédure habituelle (*cf.* p. 17).

Créer des phrases avec des mots

Créer des phrases avec des cartes-mots et les faire lire aux élèves (*cf.* p. 58).

5 Synthèse

Féliciter les élèves et synthétiser les apprentissages effectués pendant la leçon.

module 10

Les graphèmes « ai-ei », « c-ç », « au-eau »

plan du module

Les graphèmes « ai-ei »
Les graphèmes « c-ç »
Les graphèmes « au-eau »

matériel

matériel collectif

- Les pages-graphèmes ai-Ai – ei, c-C – ç-Ç, au-Au – eau-Eau
- Le livret de lecture
- Des cartes pour les activités de tri
- Des cartes-images
- Des cartes-flèches
- Des pièces de LEGO®

matériel individuel par élève

- Des modèles de lettres ai-Ai – ei, c-C – ç-Ç, au-Au – eau-Eau en gris
- Un feutre effaçable
- Un crayon ou stylo
- Un cahier d'écriture

Introduire les CGP

1 Annonce de l'objectif de la leçon

Annoncer aux élèves qu'ils vont apprendre/revoir de nouveaux groupes de lettres.

2 Introduction des graphèmes ai-ei

Prendre la page-graphème ai-Ai – ei : Vous connaissez toutes ces lettres, le a, le i, et le e (montrer les lettres successivement). Ai et ei (entourer les graphèmes successivement) se lisent ensemble, comme si elles se mélangeaient, c'est pour ça qu'elles sont écrites en violet. Ces deux groupes de lettres font le son /è/, comme on entend au début de aile ou dans reine (montrer les images). Quand ai est en début de phrase ou au début d'un prénom, la première lettre, le a, s'écrit en majuscule (montrer le A majuscule).

Matériel
La page-graphème ai-Ai – ei

3 Tâche de conscience phonémique : localisation du phonème

Procéder de la manière habituelle (*cf.* p. 60).

Matériel
- Les cartes-images aigle, aile, balai, baleine, chaise, madeleine, maison, peigne, punaise, reine, jardin, lutin, poisson
- Une carte-flèche

Feedback

4 Apprentissage du geste d'écriture avec le doigt sur le modèle en gris

Procéder de la manière habituelle (*cf.* p. 12), sur le ai puis Ai, et ensuite sur le ei.

Matériel
- La page-graphème ai-Ai – ei
- Les modèles des lettres ai-Ai et ei en gris par élève

Feedback

5 Synthèse

Féliciter les élèves et synthétiser les apprentissages effectués avec la page-graphème.

Après avoir répété si nécessaire cette leçon ***Introduire les CGP « ai-ei »***, passer à la leçon ***Calligraphie*** (ci-après) avec les élèves pour qui c'est possible.

Calligraphie

Procéder à la calligraphie du ai puis du Ai, et ensuite du ei de la manière habituelle (*cf.* p. 13).

Évaluation formative

- Demander à l'élève successivement quel son font ces lettres.
- Si l'élève réussit l'évaluation, passer à la leçon ***Décodage*** (ci-après).
- Si l'élève ne réussit pas l'évaluation, faire une leçon ***Remédiation de la CGP*** (*cf.* p. 14).
- Passer à la leçon ***Décodage*** (ci-après) quand l'élève réussit l'évaluation, que ce soit oralement ou par pointage.

Matériel
- La page-graphème ai-Ai – ei
- Les modèles des lettres ai-Ai et ei en gris par élève
- Un feutre effaçable, un crayon, un cahier par élève

Matériel
- Les cartes-lettres ai, Ai, ei
- Si nécessaire, trois autres cartes-lettres pour une évaluation par pointage

Décodage

1 Annonce de l'objectif de la leçon

Annoncer aux élèves qu'ils vont s'entrainer à lire des mots et des textes avec les ai et ei.

2 Répétition optionnelle des prérequis au décodage

Procéder de la manière habituelle pour la révision des graphèmes et la fusion de phonèmes (*cf.* p. 14).

Matériel
- Un dé sur les faces duquel on inscrit 6 graphèmes à réviser (dont les ai et ei), en minuscule puis en majuscule
- Les cartes-images aigle, aile, chaise, maison, peigne, reine
- Quatre pièces de LEGO®

Feedback

3 Décodage

Donner les mots à lire aux élèves et mettre en évidence le sens des mots selon la procédure habituelle (*cf.* p. 67). Par exemple : Désormais, ça veut dire à partir de maintenant. Par exemple : Désormais, vous connaissez le son des lettres ai et ei.

Matériel
- La page-graphème ai-Ai – ei
- Les cartes-mots des CGP ai-ei du livret de lecture
- Les cartes-images aile, baleine, fraise, laine, lait, madeleine, maison, monnaie, reine

Feedback

4 Lire des mots-outils

Procéder de la manière habituelle pour les mots-outils à réviser (*cf.* p. 15).

Matériel
Les cartes-mots des mots à réviser : son, sur, de, du

Feedback

5 S'entrainer à lire plusieurs fois chaque mot

Matériel
- Les cartes-mots des CGP ai-ei du livret de lecture ainsi que quelques mots des leçons précédentes, p.e. cheval, diner, lapin, important
- Les mêmes cartes-images que ci-dessus ainsi que les cartes-images des mots supplémentaires (p.e. cheval, lapin)
- Les cartes-mots son, sur, de, du
- Les cartes Verbe, Nom, Masculin, Féminin, Adjectif

Feedback

Apparier un mot écrit à son image

Prendre les cartes-mots aile, baleine, reine, laine, maison, madeleine, fraise, lait, monnaie, cheval, lapin, et procéder de la manière habituelle (*cf.* p. 47).

Mettre des mots dans une phrase orale

Prendre les cartes-mots était, venait, appelait, anniversaire, marraine, souhait, aimable, aimait, avait, malaise, domaine, épaisse, promenait, dormait, paisiblement, baiser, désormais, plaisir, achetait, laitier, passait, livrait, donnait, frais, venait, vrai, jamais, diner, important, son, sur, de, du, et procéder de la manière habituelle (*cf.* p. 47).

Trier des mots selon qu'il s'agit de verbes, de noms ou d'adjectifs

Trier des cartes-mots de noms (par exemple : aile, baleine, reine, anniversaire, marraine, laine, maison, fraise, cheval), de verbes (par exemple : était, venait, appelait, aimait, avait, promenait, dormait, achetait, donnait) et d'adjectifs (épaisse, frais, important) et procéder tel qu'indiqué en page 85.

Feedback

6 Lire un texte

Matériel
Les cartes-textes :
- La Belle au bois dormant
- L'anniversaire de Loraine
- Du lait frais

- Pour la première carte-texte, annoncer : On va lire une adaptation d'un autre conte qui a été diffusé par les frères Grimm en 1812. Vous vous souvenez, un conte, c'est une histoire imaginaire, une histoire qui n'est pas vraie, qui est inventée. Ce conte s'appelle « La Belle au bois dormant ».

- Faire lire les textes aux élèves et leur poser des questions selon la procédure habituelle (*cf.* p. 48).

Feedback

Création de phrases

Matériel
Les cartes-mots de la leçon et quelques cartes-mots de leçons précédentes et/ou un stylo

- Créer une phrase (avec des cartes-mots et/ou en écrire une), par exemple : La reine fait du cheval dans la forêt.

- La faire lire aux élèves, les interroger sur la classe grammaticale de quelques mots, puis créer d'autres phrases (*cf.* p. 63).

Feedback

S'entrainer à lire des textes fluidement

Procéder de la manière habituelle (*cf.* p. 17).

7 Synthèse

Féliciter les élèves et synthétiser les apprentissages effectués à l'aide d'une carte-texte.

Passer ensuite à la leçon d'encodage.

Encodage

1 Annonce de l'objectif de la leçon

Annoncer aux élèves qu'ils vont s'entrainer à écrire des mots avec les ai-ei.

2 Répétition optionnelle des prérequis à l'encodage

Demander aux élèves de pointer les lettres correspondant aux phonèmes prononcés et d'allonger les sons dans les mots selon la procédure habituelle (*cf.* p. 64).

Matériel
- Six lettres/groupes de lettres mobiles (dont les ai-ei) à réviser
- Les cartes-images balai, baleine, fraise, madeleine, maison

Feedback

3 Enseignement de la procédure d'encodage

Procéder de la manière habituelle (*cf.* p. 18) avec les mots suivants : mais, maison*, reine*, aile*, vrai, baleine*, faible, balai*, peine, fraise*, jamais, paix, faire, aime, aide, freine, chaise*, parfait, raisin*, madeleine*.

Matériel
- Les lettres/groupes mobiles des CGP vues jusque-là, par élève
- Les lettres mobiles s, e, x et t gris (muets) pour l'enseignant
- Une carte-flèche par élève
- Les cartes-images aile, balai, baleine, chaise, fraise, madeleine, maison, raisin, reine

Feedback

4 Écriture manuscrite dans le cahier

Procéder de la manière habituelle (*cf.* p. 64). La dictée de la phrase suivante peut être proposée : La reine aime le raisin.

Matériel
Un cahier d'écriture et un crayon par élève

Feedback

5 Synthèse

Féliciter les élèves et synthétiser les apprentissages effectués, par exemple à l'aide des lettres mobiles.

6 Évaluation formative

- Rappeler à l'élève de se concentrer et lui demander de lire les mots successivement.
- Si l'élève réussit à lire 80 % des items, passer à la leçon ***Introduire les CGP « c-ç »*** (ci-après).
- Si l'élève ne réussit pas l'évaluation, faire une leçon ***Remédiation du décodage*** (*cf.* p. 26).
- Faire ensuite repasser cette évaluation formative, en modalité de pointage si nécessaire.
- Continuer à avancer (passer à la leçon ***Introduire les CGP « c-ç »***, ci-après) quand l'élève parvient à lire/pointer 80 % des items de cette évaluation.

Matériel
- Les cartes-mots anniversaire, maison, fraise, lait, était, reine, avait, dormait
- Si nécessaire, trois cartes-mots d'une leçon précédente pour une évaluation par pointage

Introduire les CGP

1 Annonce de l'objectif de la leçon

Annoncer aux élèves qu'ils vont apprendre/revoir une nouvelle lettre.

2 Introduction des graphèmes « c-ç »

Prendre la page-graphème, montrer le c et expliquer : Cette lettre c'est la lettre c. La lettre c fait souvent /k/, comme au début de collier (montrer l'image). La lettre c peut aussi faire /s/, comme au début de citron (montrer l'image). Le son qu'elle fait dépend de la lettre qu'il y a après. Montrer la cédille du ç et expliquer : Ce petit signe que vous voyez ici sous le c s'appelle une cédille. Montrer le ç : Cette lettre, c'est donc le c cédille. Le c cédille fait toujours /s/. Il y a un c cédille dans balançoire (insister légèrement sur le /s/ et montrer l'image). Quand le c est au début d'une phrase ou au début d'un prénom, il s'écrit en majuscule, comme ça (montrer les C et Ç majuscules).

Matériel
La page-graphème c-C – ç-Ç

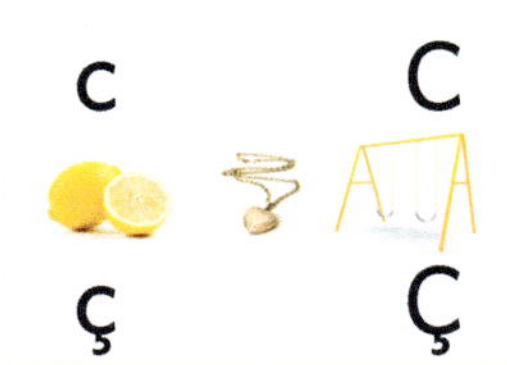

Feedback

3 Tâche de conscience phonémique : localisation du phonème

Expliquer aux élèves qu'ils vont d'abord s'entrainer à écouter le son /k/, un des sons que peut faire la lettre c. Procéder de la manière habituelle (*cf.* p. 60).

Matériel
- Les cartes-images bocal, café, canard, cartable, chocolat, collier, culotte, lac, sucre, baleine, melon
- Une carte-flèche

Expliquer aux élèves qu'ils vont maintenant s'entrainer à écouter l'autre son que peut faire la lettre c et que fait le ç, le son /s/. Procéder de la manière habituelle (*cf.* p. 60).

Matériel
- Les cartes-images balançoire, ceinture, ciel, cimetière, citron, cygne, garçon, glaçon, ambulance, prince, lutin, bonnet, verre
- Une carte-flèche

Feedback

4 Apprentissage du geste d'écriture avec le doigt sur le modèle en gris

Procéder de la manière habituelle (*cf.* p. 12). Pour la prononciation du son simultanément au geste d'écriture sur le c, faire prononcer le /k/ et le /s/.

Matériel
- La page-graphème c-C – ç-Ç
- Les modèles des lettres c-C et ç-Ç en gris par élève

Feedback

5 Synthèse

Féliciter les élèves et synthétiser les apprentissages effectués avec la page-graphème.

Après avoir répété si nécessaire cette leçon ***Introduire les CGP* « c-ç »**, passer à la leçon ***Calligraphie*** (ci-après) avec les élèves pour qui c'est possible.

Calligraphie

Procéder à la calligraphie du c-C, puis du ç-Ç de la manière habituelle (*cf.* p. 13). Pour la prononciation du son simultanément au geste d'écriture sur le c, faites prononcer tantôt le /k/, tantôt le /s/.

Matériel
- La page-graphème c-C – ç-Ç
- Les modèles des lettres c-C et ç-Ç en gris par élève
- Un feutre effaçable, un crayon, un cahier par élève

Évaluation formative

Matériel
- Les cartes-lettres c, C, ç et Ç
- Si nécessaire, trois autres cartes-lettres pour une évaluation par pointage

- Demander à l'élève successivement quel son font ces lettres (pour le c, chercher à ce qu'il donne les deux sons correspondants).
- Si l'élève réussit l'évaluation, passer à la leçon ***Décodage*** (ci-après).
- Si l'élève ne réussit pas l'évaluation, faire une leçon ***Remédiation de la CGP*** (*cf.* p. 14).
- Passer à la leçon ***Décodage*** (ci-après) quand l'élève réussit l'évaluation, que ce soit oralement ou par pointage.

Décodage

1 Annonce de l'objectif de la leçon

Annoncer aux élèves qu'ils vont s'entrainer à lire des mots et des textes avec le c et le ç.

2 Répétition optionnelle des prérequis au décodage

Matériel
- Un dé sur les faces duquel on inscrit 6 graphèmes à réviser (dont les c et ç), en minuscule puis en majuscule.
- Les cartes-images café, ciel, lac, prince, sac
- Quatre pièces de LEGO®

Feedback

Procéder de la manière habituelle pour la révision des graphèmes et la fusion de phonèmes (*cf.* p. 14).

3 Décodage (c qui fait /k/)

Matériel
- Les cartes-mots du livret de lecture avec la CGP c faisant /k/
- Les cartes-images café, collier, costume, clé, sac
- La carte résumant le fonctionnement des CGP c et ç

Fonctionnement CGP c et ç

/s/	/k/
ce, cen, cei...	ca, can, cau...
ci, cin...  citron	co, cou, con...
cy	cu  collier
ç  garçon	cl
	cr
	...c

- Prendre la carte résumant le fonctionnement des CGP c et ç et expliquer : Vous vous souvenez, le c peut faire /k/ ou /s/. Pour savoir s'il fait /k/ ou /s/, on doit regarder la lettre qu'il y a après le c. On va commencer par le c qui fait /k/. Le c fait /k/ quand il est suivi de a, o, u, l, r (montrer les ca, co, cu, cl, cr sur la carte), comme dans collier (montrer l'image et le mot écrit sur la carte). Le c fait aussi souvent /k/ quand il est à la fin des mots (montrer le ...c sur la carte), comme dans lac.

• Prendre la carte-mot école et expliquer : Dans ce mot, après le c il y a un o (montrer le o dans le mot), alors le c fait /k/ (montrer le co sur la carte). Lire le mot assez lentement en suivant sous les lettres avec le doigt : école. Mettre la carte-mot école à côté de la carte résumant le fonctionnement des CGP, du côté du /k/. Prendre la carte-mot classe et expliquer : Dans ce mot, après le c il y a un l (montrer le l dans le mot), alors le c fait /k/ (montrer le cl sur la carte). Lire le mot assez lentement en suivant sous les lettres avec le doigt : classe. Mettre la carte-mot classe à côté de la carte résumant le fonctionnement des CGP, du côté du /k/.

• On va s'entrainer à lire des mots dans lesquels le c fait /k/. Donner les mots à lire aux élèves, étayer en utilisant la carte résumant le fonctionnement des CGP, et utiliser la procédure de feedback. Mettre les cartes-mots du côté du /k/ de la carte.

• Ne pas oublier de mettre en évidence le sens des mots selon la procédure habituelle (*cf.* p. 67). Par exemple : Scolaire, c'est quelque chose qui est en lien avec l'école. Par exemple, du matériel scolaire, c'est du matériel qu'on utilise à l'école.

4 S'entrainer à lire plusieurs fois chaque mot (c qui fait /k/)

Matériel
- Les cartes-mots du livret de lecture avec la CGP c faisant /k/ ainsi que quelques cartes-mots des leçons précédentes, p.e. reine, était, malin
- Les mêmes cartes-images que ci-dessus ainsi que les cartes-images des mots supplémentaires (p.e. reine)
- La carte résumant le fonctionnement des CGP c et ç

Apparier un mot écrit à son image

Prendre les cartes-mots collier, café, école, costume, clé, sac, reine et procéder de la manière habituelle (*cf.* p. 47). Étayer la lecture des mots en utilisant la carte résumant le fonctionnement des CGP, et utiliser la procédure de feedback.

Mettre des mots dans une phrase orale

• Prendre les cartes-mots découvre, cours, écrire, classe, compter, récré, courir, calme, rencontre, camarade, scolaire, spectacle, raconte, raconté, acte, public, était, malin et procéder de la manière habituelle (*cf.* p. 47). Étayer la lecture des mots en utilisant la carte résumant le fonctionnement des CGP, et utiliser la procédure de feedback.

• Lorsqu'un mot peut avoir différentes significations (par exemple, cours de récréation/de français), où lorsque l'orthographe du mot en détermine le sens, l'expliquer aux élèves.

Feedback

Trier des mots selon qu'il s'agit de verbes, de noms ou d'adjectifs

Prendre des cartes-mots de noms (par exemple, collier, café, école, camarade, costume, spectacle, reine), de verbes (découvre, écrire, compter, courir, raconte, était) et d'adjectifs (calme, malin) et procéder tel qu'indiqué en page 85.

5 Décodage (c qui fait /s/)

Matériel
- Les cartes-mots du livret de lecture avec la CGP c faisant /s/
- Les cartes-images balançoire, ciel, citron, scène
- La carte résumant le fonctionnement des CGP c et ç

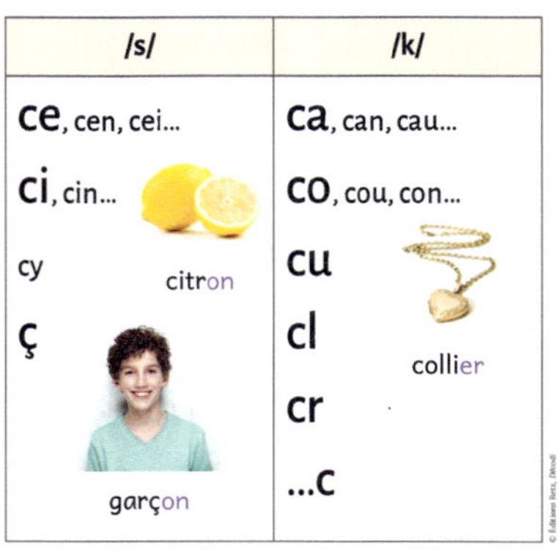
Fonctionnement CGP c et ç

/s/	/k/
ce, cen, cei…	ca, can, cau…
ci, cin…	co, cou, con…
cy	cu
ç	cl
	cr
	…c
citron	collier
garçon	

• Prendre la carte résumant le fonctionnement des CGP c et ç et expliquer : Vous vous souvenez, le c peut auss faire /s/. On va s'entrainer à le lire. Le c fait /s/ quand il est suivi de e, i ou y (montrer le ce, ci, cy sur la carte) comme dans citron (montrer l'image et le mot écrit sur la carte). Vous vous souvenez, le ç, lui, fait toujours /s/ (montrer le ç sur la carte), comme dans garçon (montrer l'image et le mot écrit sur la carte).

• Prendre la carte-mot ciel et expliquer : Dans ce mot, après le c il y a un i (montrer le i dans le mot), alors le c fait /s/ (montrer le ci sur la carte). Lire le mot assez lentement en suivant sous les lettres avec le doigt : ciel. Mettre la carte-mot ciel à côté de la carte résumant le fonctionnement des CGP, du côté du /s/. Prendre la carte-mot français et expliquer : Dans ce mot, il y a un ç (montrer le ç dans le mot), alors il fait /s/ (montrer le ç sur la carte). Lire le mot assez lentement en suivant sous les lettres avec le doigt : français. Mettre la carte-mot français à côté de la carte résumant le fonctionnement des CGP, du côté du /s/.

• On va s'entrainer à lire des mots dans lesquels le c fait /s/. Donner les mots à lire aux élèves, étayer en utilisant la carte résumant le fonctionnement des CGP, et utiliser la procédure de feedback. Mettre les cartes-mots du côté du /s/ de la carte.

• Ne pas oublier de mettre en évidence le sens des mots selon la procédure habituelle (*cf.* p. 67). Par exemple : Une scène, c'est l'endroit où se font en général les spectacles. Les acteurs font leur spectacle sur une scène (montrer la carte-image).

6 S'entrainer à lire plusieurs fois chaque mot (c qui fait /s/)

Matériel
• Les cartes-mots dans le livret de lecture avec la CGP c faisant /s/ ainsi que quelques mots des leçons précédentes, p.e. fenêtre, laver, fantastique
• Les mêmes cartes-images que ci-dessus ainsi que les cartes-images des mots supplémentaires (p.e. fenêtre)
• La carte résumant le fonctionnement des CGP c et ç

Apparier un mot écrit à son image

Prendre les cartes-mots citron, ciel, balançoire, scène, fenêtre et procéder de la manière habituelle (*cf.* p. 47). Étayer la lecture des mots en utilisant la carte résumant le fonctionnement des CGP, et utiliser la procédure de feedback.

Mettre des mots dans une phrase orale

Prendre les cartes-mots merci, reçoivent, leçon, ça, silence, remercie, félicite, nécessaire, laver, fantastique et procéder de la manière habituelle (*cf.* p. 47). Étayer la lecture des mots en utilisant la carte résumant le fonctionnement des CGP, et utiliser la procédure de feedback.

Feedback

Trier des mots selon qu'il s'agit de verbes, de noms ou d'adjectifs

Prendre des cartes-mots de noms (citron, ciel, balançoire, scène, fenêtre), de verbes (reçoivent, remercie, félicite, laver) et d'adjectifs (fantastique) et procéder tel qu'indiqué en page 85.

Feedback

7 Décodage de mots avec deux c

Matériel
Les cartes-mots concentré, vacances, commence (*cf.* livret de lecture)

• Prendre la carte résumant le fonctionnement des CGP c et ç et expliquer : Parfois, dans un mot, il y a un c qui fait /k/ et un c qui fait /s/. Prendre la carte-mot vacances et expliquer : Dans ce mot, il y a deux c (les montrer). Le premier est suivi d'un a (montrer le a dans le mot), donc il fait /k/ (montrer sur la carte résumant le fonctionnement des CGP). Le deuxième est suivi d'un e (montrer le e dans le mot), donc il fait /s/ (montrer sur la carte résumant le fonctionnement des CGP). Lire le mot assez lentement en suivant sous les lettres avec le doigt : vacances. Mettre la carte-mot vacances en dessous de la carte résumant le fonctionnement des CGP, entre le côté du /s/ et celui du /k/. Procéder de la même manière avec les deux autres mots.

• Donner ensuite les mots à lire aux élèves, les laisser les décoder, et leur fournir un feedback correctif si nécessaire. Par exemple, si un élève dit /vassances/, lui dire : On dit /vacances/. Ils pourront ensuite progressivement intégrer de quelle manière se lisent tels mots (voie d'adressage).

• Ne pas oublier de mettre en évidence le sens des mots selon la procédure habituelle (*cf.* p. 67).

Feedback

8 Lire des mots-outils

Procéder de la manière habituelle pour les mots-outils à réviser et pour le nouveau mot-outil à apprendre (*cf.* p. 15).

Matériel
- Les cartes-mots de mots à réviser : En, plein, les, des
- La carte-mot du mot à apprendre : ces

Feedback

9 Lire un texte

Faire lire les textes aux élèves et leur poser des questions selon la procédure habituelle (*cf.* p. 48). Aider les élèves à déterminer le son que font les c à l'aide de la carte résumant le fonctionnement des CGP c et ç et leur fournir un feedback correctif lorsque c'est nécessaire. Il faudra probablement plusieurs expositions aux mots contenant ces CGP pour que les élèves intègrent progressivement la manière dont ils se lisent (voie d'adressage).

Matériel
Les cartes-textes :
- À l'école
- Au théâtre

Feedback

Création de phrases

• Créer une phrase (avec des cartes-mots et/ou en écrire une), p.e. : Un élève écrit une histoire.

• La faire lire aux élèves, les interroger sur la classe grammaticale de quelques mots, puis créer d'autres phrases (*cf.* p. 63).

Matériel
Les cartes-mots de la leçon et quelques cartes-mots de leçons précédentes, et/ou un stylo

Feedback

S'entrainer à lire des textes fluidement

Procéder de la manière habituelle (*cf.* p. 17).

10 Synthèse

Féliciter les élèves et synthétiser les apprentissages effectués à l'aide d'une carte-texte.

Passer ensuite à la leçon d'encodage.

Encodage

1 Annonce de l'objectif de la leçon

Annoncer aux élèves qu'ils vont s'entrainer à écrire des mots avec les c-ç.

2 Répétition optionnelle des prérequis à l'encodage

Demander aux élèves de pointer les lettres correspondant aux phonèmes prononcés et d'allonger les sons dans les mots selon la procédure habituelle (*cf.* p. 64).

Matériel
- Six lettres/groupes de lettres mobiles (dont les c-ç) à réviser
- Les cartes-images café, camion, cœur, chocolat, ciel, garçon, glaçon

Feedback

3 Enseignement de la procédure d'encodage

Procéder de la manière habituelle (*cf.* p. 18) avec les mots suivants : citron*, école*, café*, cours, ciel*, ici, facile, merci, ça, français, déçu, leçon, courir, oncle, chocolat*, prince*, vacances, crier, écouter, décider, clé*.

Matériel
- Les lettres/groupes mobiles des CGP vues jusque-là par élève
- Les lettres mobiles e, s et t gris (muets) pour l'enseignant
- Une carte-flèche par élève
- Les cartes-images café, chocolat, ciel, citron, clé, école, prince

Feedback

4 Écriture manuscrite dans le cahier

Procéder de la manière habituelle (*cf.* p. 64). La dictée de la phrase suivante peut être proposée : Le prince aime le chocolat.

Matériel
Un cahier d'écriture et un crayon par élève

Feedback

5 Synthèse

Féliciter les élèves et synthétiser les apprentissages effectués à l'aide des lettres mobiles.

6 Évaluation formative

- Rappeler à l'élève de se concentrer et lui demander de lire les mots successivement.
- Si l'élève réussit à lire 80 % des items, passer à la leçon ***Introduire les CGP « au-eau »*** (ci-après).
- Si l'élève ne réussit pas l'évaluation, faire une leçon ***Remédiation du décodage*** (*cf.* p. 26).
- Faire ensuite repasser cette évaluation formative, en modalité de pointage si nécessaire.
- Continuer à avancer (passer à la leçon ***Introduire les CGP « au-eau »***, ci-après) quand l'élève parvient à lire/pointer 80 % des items de cette évaluation.

Matériel
- Les cartes-mots citron, école, classe, récré, courir, silence, vacances
- Si nécessaire, trois cartes-mots d'une leçon précédente pour une évaluation par pointage

Les graphèmes « au-eau »

Introduire les CGP

1 Annonce de l'objectif de la leçon

Annoncer aux élèves qu'ils vont apprendre/revoir de nouveaux groupes de lettres.

2 Introduction de la correspondance graphèmes « au-eau » - phonème /o/

- Demander aux élèves quel son on entend à la fin des mots (*cf.* p. 60).
- Prendre la page-graphème au-Au – eau-Eau : Le son /o/ peut s'écrire avec les lettres au (montrer) ou eau (montrer). Ces lettres se lisent ensemble, comme si elles se mélangeaient (entourer les graphèmes successivement), c'est pour ça qu'elles sont écrites en violet. Le son /o/ s'écrit par exemple « au » au début de autruche et « eau » dans eau (montrer les images). Quand ces lettres sont en début de phrase, ou au début d'un prénom, la première lettre s'écrit en majuscule (montrer les A et E majuscules).

Matériel
- Trois images de mots se terminant par /o/ (p.e. chapeau, bateau, couteau)
- La page-graphème au-Au – eau-Eau

3 Tâche de conscience phonémique : localisation du phonème

Procéder de la manière habituelle (*cf.* p. 60).

Matériel
- Les cartes-images aubergine, autruche, bateau, chaussure, couteau, épaule, pinceau, taupe, ambulance, chaise, glaçon
- Une carte-flèche

Feedback

4 Apprentissage du geste d'écriture avec le doigt sur le modèle en gris

Procéder de la manière habituelle (*cf.* p. 12), sur le au minuscule puis majuscule, et ensuite sur le eau minuscule puis majuscule.

Matériel
- La page-graphème au-Au – eau-Eau
- Les modèles des lettres au-Au et eau-Eau en gris par élève

Feedback

5 Synthèse

Féliciter les élèves et synthétiser les apprentissages effectués en montrant la page-graphème.

Après avoir répété si nécessaire cette leçon ***Introduire les CGP « au-eau »***, passer à la leçon ***Calligraphie*** (ci-après) avec les élèves pour qui c'est possible.

Calligraphie

Procéder à la calligraphie du au-Au, puis du eau-Eau, selon la procédure habituelle (*cf.* p. 13).

Matériel
- La page-graphème au-Au – eau-Eau
- Les modèles des lettres au-Au et eau-Eau en gris par élève
- Un feutre effaçable, un crayon, un cahier par élève

Évaluation formative

- Demander à l'élève successivement quel son font ces lettres.

- Si l'élève réussit l'évaluation, passer à la leçon ***Décodage*** (ci-après).
- Si l'élève ne réussit pas l'évaluation, faire une leçon ***Remédiation de la CGP*** (*cf.* p. 14).
- Passer à la leçon ***Décodage*** (ci-après) quand l'élève réussit l'évaluation, que ce soit oralement ou par pointage.

Matériel
- Les cartes-lettres au, Au, eau, Eau
- Si nécessaire, trois autres cartes-lettres pour une évaluation par pointage

Décodage

1 Annonce de l'objectif de la leçon

Annoncer aux élèves qu'ils vont s'entrainer à lire des mots et des textes avec les au-eau.

2 Répétition optionnelle des prérequis au décodage

Procéder de la manière habituelle pour la révision des graphèmes et la fusion de phonèmes (*cf.* p. 14).

Matériel
- Un dé sur les faces duquel on inscrit 6 graphèmes à réviser (dont les au-eau), en minuscule puis en majuscule
- Les cartes-images bateau, chapeau, épaule, taupe
- Quatre pièces de LEGO®

Feedback

3 Décodage

Donner les mots à lire aux élèves et mettre en évidence le sens des mots selon la procédure habituelle (*cf.* p. 67). Par exemple : Aussitôt, ça veut dire rapidement, tout de suite.

Matériel
- Les cartes-mots du livret de lecture des CGP au-eau
- Les cartes-images : bateau, chameau, chaussure, corbeau, crapaud, eau, épaule, ruisseau

Feedback

4 Lire des mots-outils

Procéder de la manière habituelle pour les mots-outils à réviser (*cf.* p. 15).

Matériel
Les cartes-mots de mots à réviser : et, que, C'est, leur, aussi

Feedback

5 S'entrainer à lire plusieurs fois chaque mot

Apparier un mot écrit à son image

Prendre les cartes-mots autruche, jaune, oiseau, saucisse chameau, épaule, eau, crapaud, ruisseau, corbeau, chaussure, bateau, et procéder de la manière habituelle (*cf.* p. 47).

Mettre des mots dans une phrase orale

Prendre les cartes-mots animaux, niveau, chaud, troupeau, peau, autre, pauvre, saute, hausse, aussitôt, sauvé, beau, courir, fait, métier, chauffer, et, que, C'est, leur, aussi, et procéder de la manière habituelle (*cf.* p. 47).

Matériel
- Les cartes-mots du livret de lecture des CGP au-eau ainsi que quelques mots des leçons précédentes, p.e. courir, fait, métier
- Les mêmes cartes-images que ci-dessus
- Les cartes-mots et, que, C'est, leur, aussi

Feedback

Feedback

Trier des mots selon qu'il s'agit de verbes, de noms ou d'adjectifs

Trier des cartes-mots de noms (autruche, oiseau, saucisse, chameau, épaule, crapaud, troupeau, peau, ruisseau, corbeau, chaussure, bateau, métier), de verbes (saute, courir, fait, chauffer) et d'adjectifs (jaune, chaud, pauvre, beau) et procéder tel qu'indiqué en page 85.

Feedback

6 Lire un texte

Matériel
Les cartes-textes :
– Les chameaux
– Le chant du crapaud

Pour la deuxième carte-texte, annoncer : On va lire une adaptation d'une histoire qui a été écrite par Sabine d'Halluin. Cette histoire s'appelle « Le chant de la grenouille ». L'adaptation qu'on va lire est un peu différente, elle parle d'un crapaud, qui s'écrit avec au.

Faire lire les textes aux élèves et leur poser des questions selon la procédure habituelle (*cf.* p. 48).

Feedback

Création de phrases

Matériel
Les cartes-mots de la leçon et quelques cartes-mots de leçons précédentes et/ou un stylo

- Créer une phrase (avec des cartes-mots et/ou en écrire une), par exemple : C'est rare de voir des crapauds.
- La faire lire aux élèves, les interroger sur la classe grammaticale de quelques mots, puis créer d'autres phrases (*cf.* p. 63).

Feedback

S'entrainer à lire des textes fluidement

Procéder de la manière habituelle (*cf.* p. 17).

7 Synthèse

Féliciter les élèves et synthétiser les apprentissages effectués à l'aide d'une carte-texte.

Passer ensuite à la leçon d'encodage.

Encodage

1 Annonce de l'objectif de la leçon

Annoncer aux élèves qu'ils vont s'entrainer à écrire des mots avec les au-eau.

2 Répétition optionnelle des prérequis à l'encodage

Matériel
- Six lettres/groupes de lettres mobiles (dont les au-eau) à réviser
- Les carte-images ciseau, chaussure, jaune, oiseau, saucisse

Demander aux élèves de dire le son correspondant aux lettres pointées et d'allonger les sons dans les mots selon la procédure habituelle (*cf.* p. 64).

Feedback

3 Enseignement de la procédure d'encodage

Procéder de la manière habituelle (*cf.* p. 18) avec les mots suivants : eau*, beau, chaud, peau, sauf, faux, nouveau, chevaux*, corbeau*, bateau*, chameau*, chapeau*, jaune*, couteau*, oiseau*, chapeau*, sauter, chauffer, animaux, chaussure*, autre, pauvre, crapaud*, autruche*.

Matériel
- Les lettres/groupes mobiles des CGP vues jusque-là par élève
- Les lettres mobiles d, x et e gris (muets) pour l'enseignant
- Une carte-flèche par élève
- Les cartes-images autruche, bateau, chameau, chapeau, chaussure, chevaux, corbeau, couteau, crapaud, eau, jaune, oiseau

Feedback

4 Écriture manuscrite dans le cahier

Procéder de la manière habituelle (*cf.* p. 64). La dictée de la phrase suivante peut être proposée : Le chameau boit de l'eau.

Matériel
Un cahier d'écriture et un crayon par élève

Feedback

5 Synthèse

Féliciter les élèves et synthétiser les apprentissages effectués à l'aide des lettres mobiles.

6 Évaluation formative

- Rappeler à l'élève de se concentrer et lui demander de lire les mots successivement.
- Si l'élève réussit à lire 80 % des items, passer à la leçon ***Révision – fin de module 10*** (ci-après).
- Si l'élève ne réussit pas l'évaluation, faire une leçon ***Remédiation du décodage*** (*cf.* p. 26).
- Faire ensuite repasser cette évaluation formative, en modalité de pointage si nécessaire.
- Continuer à avancer (passer à la leçon ***Révision – fin de module 10***, ci-après) quand l'élève parvient à lire/pointer 80 % des items de cette évaluation.

Matériel
- Les cartes-mots crapaud, eau, animaux, chameau, corbeau, beau, chaud, peau
- Si nécessaire, trois cartes-mots d'une leçon précédente pour une évaluation par pointage

Révision – fin de module 10

Pour les objectifs et l'organisation des leçons de révision, *cf.* page 56.

1 Annonce de l'objectif de la leçon

Annoncer aux élèves qu'ils vont s'entrainer à relire les mots et les textes qu'ils ont déjà appris à lire, pour les lire avec de plus en plus de facilité.

2 Révision du fonctionnement de certaines CGP

Rappeler aux élèves dans quels cas le c fait /k/ puis leur donner les mots à lire (*cf.* p. 99).

Rappeler aux élèves dans quels cas le c fait /s/ puis leur donner les mots à lire (*cf.* p. 100).

Rappeler aux élèves que dans certains mots il y a un c qui fait /k/ et un c qui fait /s/, puis leur donner les mots à lire (*cf.* p. 101).

Matériel

- La carte résumant le fonctionnement des CGP c et ç
- Les cartes-mots du livret de lecture avec la CGP c faisant /k/
- Les cartes-images café, collier, costume, clé, sac
- Les cartes-mots du livret de lecture avec la CGP c faisant /s/
- Les cartes-images balançoire, ciel, citron, scène
- Les cartes-mots concentré, vacances, commence (*cf.* livret de lecture)

3 Identification de mots

Apparier un mot écrit à son image (pour les mots imageables)

Prendre environ 15 cartes-mots et les 15 cartes-images correspondantes, et procéder de la manière habituelle (*cf.* p. 47).

Mettre des mots dans une phrase orale

Prendre environ 15 cartes-mots de mots pas/peu imageables et procéder de la manière habituelle (*cf.* p. 47).

Trier des noms en fonction de leur classe grammaticale

Prendre environ 15 cartes-mots de noms, de verbes et d'adjectifs et procéder de la manière habituelle (*cf.* p. 85).

4 Lecture de phrases et de textes

Lire des textes et répondre à des questions

Prendre environ 6 cartes-textes. Les faire lire aux élèves, les relire fluidement et poser des questions en fonction du texte lu (*cf.* p. 48).

S'entrainer à lire des textes fluidement

Demander aux élèves de relire deux ou trois fois un même texte, en leur fournissant un feedback à chaque lecture, selon la procédure habituelle (*cf.* p. 17).

Créer des phrases avec des mots

Créer des phrases avec des cartes-mots et les faire lire aux élèves (*cf.* p. 58).

5 Synthèse

Féliciter les élèves et synthétiser les apprentissages effectués pendant la leçon.

module 11

Les graphèmes « g-gu », « eu-eur », « z »

plan du module

Les graphèmes « g-gu »
Les graphèmes « eu-eur »
Le graphème « z »

matériel

matériel collectif

- Les pages-graphèmes g-G – gu-Gu, eu-EU – eur-Eur, z-Z
- Le livret de lecture
- Des cartes pour les activités de tri
- Des cartes-images
- Des cartes-flèches
- Des pièces de LEGO®

matériel individuel par élève

- Des modèles de lettres g-G – gu-Gu, eu-EU – eur-Eur, z-Z en gris
- Un feutre effaçable
- Un crayon ou stylo
- Un cahier d'écriture

Introduire les CGP

1 Annonce de l'objectif de la leçon

Annoncer aux élèves qu'ils vont apprendre/revoir de nouvelles lettres.

2 Introduction des graphèmes « g-gu »

Matériel
La page-graphème g-G – gu-Gu

Prendre la page-graphème, montrer le g et expliquer : Cette lettre c'est la lettre g. La lettre g fait souvent /g/, comme au début de gâteau (montrer l'image). La lettre g peut aussi faire /j/, comme au début de genou. Le son qu'elle fait dépend de la lettre qu'il y a après, comme pour le c. Montrer le gu expliquer : Parfois le g est suivi du u, et ces lettres font ensemble (entourer les lettres) le son /g/, c'est pour ça qu'elles sont écrites en violet. Le mot guitare (insister légèrement sur le /g/) commence par gu. Quand le g est au début d'une phrase ou au début d'un prénom, il s'écrit en majuscule, comme ça (montrer les G majuscules).

3 Tâche de conscience phonémique : localisation du phonème

Matériel
- Les cartes-images bague, dragon, garçon, gâteau, glace, gorille, guitare, langue, légume, règle, framboise, poulet, renard
- Une carte-flèche

Feedback

Expliquer aux élèves qu'ils vont d'abord s'entrainer à écouter un des sons que peut faire la lettre g et que font les lettres gu, le son /g/. Procéder de la manière habituelle (*cf.* p. 60).

Matériel
- Les cartes-images argent, aubergine, fromage, genou, neige, rouge, visage, buisson, oiseau, panthère
- Une carte-flèche

Feedback

Expliquer aux élèves qu'ils vont maintenant s'entrainer à écouter l'autre son que peut faire la lettre g, le son /j/. Procéder de la manière habituelle (*cf.* p. 60).

4 Apprentissage du geste d'écriture avec le doigt sur le modèle en gris

Matériel
- La page-graphème g-G – gu-Gu
- Les modèles des lettres g-G et gu-Gu en gris par élève

Feedback

Procéder de la manière habituelle (*cf.* p. 12), sur le g puis G, et ensuite sur le gu puis Gu. Pour la prononciation du son simultanément au geste d'écriture sur le g, faire prononcer le /g/ et le /j/.

5 Synthèse

Féliciter les élèves et synthétiser les apprentissages effectués avec la page-graphème.

Après avoir répété si nécessaire cette leçon ***Introduire les CGP* « *g-gu* »**, passer à la leçon ***Calligraphie*** (ci-après) avec les élèves pour qui c'est possible.

Calligraphie

Procéder à la calligraphie du g puis du G, et ensuite du gu puis du Gu de la manière habituelle (*cf.* p. 13). Pour la prononciation du son simultanément au geste d'écriture sur le g, faire prononcer le /g/ et le /j/.

Matériel
- La page-graphème g-G – gu-Gu
- Les modèles des lettres g-G et gu-Gu en gris par élève
- Un feutre effaçable, un crayon, un cahier par élève

Évaluation formative

Matériel
- Les cartes-lettres g, G, gu, Gu
- Si nécessaire, trois autres cartes-lettres pour une évaluation par pointage

- Demander à l'élève successivement quel son font ces lettres (pour le g, chercher à ce qu'il donne les deux sons correspondants).
- Si l'élève réussit l'évaluation, passer à la leçon ***Décodage*** (ci-après).
- Si l'élève ne réussit pas l'évaluation, faire une leçon ***Remédiation de la CGP*** (*cf.* p. 14).
- Passer à la leçon ***Décodage*** (ci-après) quand l'élève réussit l'évaluation, que ce soit oralement ou par pointage.

Décodage

1 Annonce de l'objectif de la leçon

Annoncer aux élèves qu'ils vont s'entrainer à lire des mots et des textes avec les g et gu.

2 Répétition optionnelle des prérequis au décodage

Matériel
- Un dé sur les faces duquel on inscrit 6 graphèmes à réviser (dont les g et gu), en minuscule puis en majuscule
- Les cartes-images bague, genou, langue, neige, règle, rouge
- Quatre pièces de LEGO®

Feedback

Procéder de la manière habituelle pour la révision des graphèmes et la fusion de phonèmes (*cf.* p. 14).

3 Décodage (g qui fait /g/)

Matériel
- la page-graphème g-G – gu-Gu
- Les cartes-mots du livret de lecture avec la CGP g faisant /g/
- Les cartes-images frigo, gâteau, légumes
- La carte résumant le fonctionnement des CGP g et gu

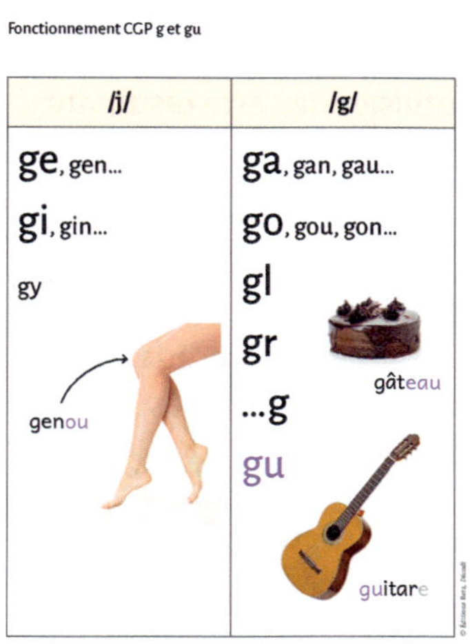

- Prendre la carte résumant le fonctionnement des CGP g et gu et expliquer : Vous vous souvenez, le g peut faire /g/ ou /j/. Pour savoir s'il fait /g/ ou /j/, comme pour la lettre c, on doit regarder la lettre qu'il y a après le g. On va commencer par le g qui fait /g/. Le g fait /g/ quand il est suivi de a, o, l ou r (montrer les ga, go, gl, gr sur la carte), comme dans gâteau (montrer l'image et le mot écrit sur la carte). Il fait aussi souvent /g/ quand il est à la fin des mots (montrer le ...g sur la carte), comme dans viking. Vous vous souvenez, g et u (montrer le gu sur la carte) se lisent ensemble (les entourer) et font /g/, comme dans guitare (montrer l'image et le mot écrit sur la carte).

• Prendre la carte-mot frigo et expliquer : Dans ce mot, après le g il y a un o (montrer le o dans le mot), alors le g fait /g/ (montrer le go sur la carte). Lire le mot assez lentement en suivant sous les lettres avec le doigt : frigo. Mettre la carte-mot frigo à côté de la carte résumant le fonctionnement des CGP, du côté du /g/. Prendre la carte-mot glisser et expliquer : Dans ce mot, après le g il y a un l (montrer le l dans le mot), alors le g fait /g/ (montrer le gl sur la carte). Lire le mot assez lentement en suivant sous les lettres avec le doigt : glisser. Mettre la carte-mot glisser à côté de la carte résumant le fonctionnement des CGP, du côté du /g/.

• Prendre la carte-mot naviguer et expliquer : Vous vous souvenez, les lettres gu font ensemble le son /g/, c'est pour ça qu'elles sont écrites en violet. Donc dans ce mot, gu (montrer les lettres) font /g/. Lire le mot assez lentement en suivant sous les lettres avec le doigt : naviguer. Mettre la carte-mot naviguer à côté de la carte, du côté du /g/.

• On va s'entrainer à lire des mots dans lesquels g et gu font /g/. Donner les mots à lire aux élèves, étayer en utilisant la carte résumant le fonctionnement des CGP, et utiliser la procédure de feedback. Mettre les cartes-mots du côté du /g/ de la carte.

• N.B. : Le mot légumes est l'un des rares mots dans lequel le u après le g s'entend. C'est pour cela que ces deux lettres ne sont pas écrites en violet dans ce mot. Il convient de laisser les élèves lire ce mot sans les surcharger d'explications, et de leur fournir un feedback correctif si nécessaire. Par exemple, s'ils disent /légme/, leur dire : On dit /légume/.

• Ne pas oublier de mettre en évidence le sens des mots selon la procédure habituelle (*cf.* p. 67). Par exemple : Ingrédients, ce sont des produits pour la cuisine, par exemple : les ingrédients pour faire un gâteau.

4 S'entrainer à lire plusieurs fois chaque mot (g qui fait /g/)

Matériel
- Les cartes-mots du livret de lecture avec la CGP g faisant /g/ ainsi que quelques mots des leçons précédentes, p.e. eau, école, lait
- Les mêmes cartes-images que ci-dessus ainsi que les cartes-images des mots supplémentaires (p.e. eau, école, lait)
- La carte résumant le fonctionnement des CGP g et gu

Feedback

Apparier un mot écrit à son image

Prendre les cartes-mots gâteau, frigo, légumes, eau, école, lait et procéder de la manière habituelle (*cf.* p. 47). Étayer la lecture des mots en utilisant la carte résumant le fonctionnement des CGP, et utiliser la procédure de feedback.

Mettre des mots dans une phrase orale

Prendre les cartes-mots grâce, portugais, groupe, fatigant, malgré, ingrédient, gramme, glisser, garder, degré, gout, naviguer, guidait, longue, guerre et procéder de la manière habituelle (*cf.* p. 47). Étayer la lecture des mots en utilisant la carte résumant le fonctionnement des CGP, et utiliser la procédure de feedback.

Trier des mots selon qu'il s'agit de verbes, de noms ou d'adjectifs

Prendre des cartes-mots de noms (par exemple gâteau, frigo, guerre, école), de verbes (naviguer, glisser, garder) et d'adjectifs (longue, fatigant) et procéder tel qu'indiqué en page 85.

5 Décodage (g qui fait /j/)

Fonctionnement CGP g et gu

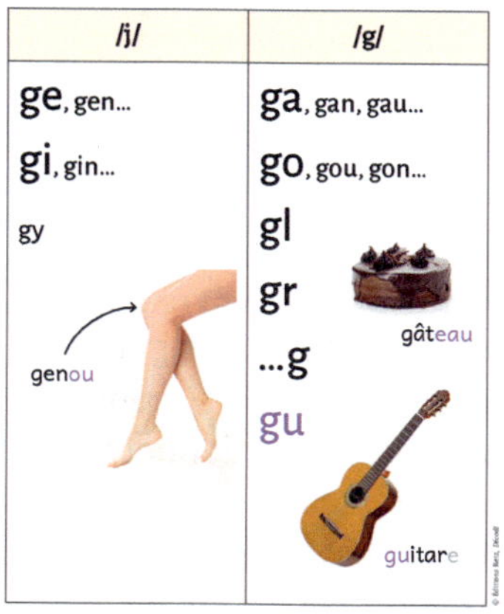

- Prendre la carte résumant le fonctionnement des CGP g et gu et expliquer : Vous vous souvenez, le g peut auss faire /j/. On va s'entrainer à le lire. Le g fait /j/ quand il est suivi de e, i ou y (montrer les ge, gi, gy sur la carte), comme dans genou (montrer l'image et le mot écrit sur la carte).

- Prendre la carte-mot danger et expliquer : Dans ce mot, après le g il y a un e (montrer le e dans le mot), alors le g fait /j/ (montrer le ge sur la carte). Lire le mot assez lentement en suivant sous les lettres avec le doigt : danger. Mettre la carte-mot danger à côté de la carte résumant le fonctionnement des CGP, du côté du /j/. Prendre la carte-mot bougie et expliquer : Dans ce mot, après le g il y a un i (montrer le i dans le mot), alors le g fait /j/ (montrer le gi sur la carte). Lire le mot assez lentement en suivant sous les lettres avec le doigt : bougie. Mettre la carte-mot bougie à côté de la carte résumant le fonctionnement des CGP, du côté du /j/.

- On va s'entrainer à lire des mots dans lesquels le g fait /j/. Donner les mots à lire aux élèves, étayer en utilisant la carte résumant le fonctionnement des CGP, et utiliser la procédure de feedback. Mettre les cartes-mots du côté du /j/ de la carte.

- Ne pas oublier de mettre en évidence le sens des mots selon la procédure habituelle (*cf.* p. 67). Par exemple : Tragique, ça veut dire très triste, par exemple : une mort tragique.

Matériel
- Les cartes-mots du livret de lecture avec la CGP g faisant /j/
- Les cartes-images bougie, fromage
- La carte résumant le fonctionnement des CGP g et gu

6 S'entrainer à lire plusieurs fois chaque mot (g qui fait /j/)

Matériel
- Les cartes-mots avec la CGP g faisant /j/ du livret de lecture ainsi que quelques mots des leçons précédentes, p.e. baleine, chante, dur
- Les mêmes cartes-images que ci-dessus ainsi que les cartes-images des mots supplémentaires (p.e. baleine)
- La carte résumant le fonctionnement des CGP c et ç

Apparier un mot écrit à son image

Prendre les cartes-mots genou, fromage, bougie, baleine et procéder de la manière habituelle (*cf.* p. 47). Étayer la lecture des mots en utilisant la carte résumant le fonctionnement des CGP, et utiliser la procédure de feedback.

Feedback

Mettre des mots dans une phrase orale

Prendre les cartes-mots équipage, passage, danger, tragique, mélanger, manger, gentil, chante, dur et procéder de la manière habituelle (*cf.* p. 47). Étayer la lecture des mots en utilisant la carte résumant le fonctionnement des CGP, et utiliser la procédure de feedback.

Feedback

Trier des mots selon qu'il s'agit de verbes, de noms ou d'adjectifs

Prendre des cartes-mots de noms (par exemple, genou, fromage, bougie, baleine, équipage, passage, danger, bougie), de verbes (mélanger, manger, chante) et d'adjectifs (tragique, gentil, dur) et procéder tel qu'indiqué en page 85.

→ **Feedback**

7 Décodage de mots avec deux g

→ **Matériel**
Les cartes-mots bagage, garage, grange (*cf.* livret de lecture)

• Prendre la carte résumant le fonctionnement des CGP g et gu et expliquer : Parfois, dans un mot, il y a un g qui fait /g/ et un g qui fait /j/. Prendre la carte-mot bagage et expliquer : Dans ce mot, il y a deux g (les montrer). Le premier est suivi d'un a (montrer le a dans le mot), donc il fait /g/ (montrer ga sur la carte résumant le fonctionnement des CGP). Le deuxième est suivi d'un e (montrer le e dans le mot), donc il fait /j/ (montrer ge sur la carte résumant le fonctionnement des CGP). Lire le mot assez lentement en suivant sous les lettres avec le doigt : bagage. Mettre la carte-mot bagage en dessous de la carte résumant le fonctionnement des CGP, entre le côté du /j/ et celui du /g/. Procéder de la même manière avec les deux autres mots.

• Donner ensuite les mots à lire aux élèves, les laisser les décoder, et leur fournir un feedback correctif si nécessaire. Par exemple, si un élève dit /garag/, lui dire : On dit /garage/. Ils pourront ensuite progressivement intégrer de quelle manière se lisent tels mots (voie d'adressage).

• Ne pas oublier de mettre en évidence le sens des mots selon la procédure habituelle (*cf.* p. 67).

→ **Feedback**

8 Lire des mots-outils

→ **Matériel**
Les cartes-mots de mots à réviser : que, Dans, avec, s'est, tes

Procéder de la manière habituelle pour les mots-outils à réviser (*cf.* p. 15).

→ **Feedback**

9 Lire un texte

→ **Matériel**
Les cartes-textes :
- Magellan
- Recette du gâteau au fromage

Faire lire les textes aux élèves et leur poser des questions selon la procédure habituelle (*cf.* p. 48).

→ **Feedback**

Création de phrases

→ **Matériel**
Les cartes-mots de la leçon et quelques cartes-mots de leçons précédentes et/ou un stylo

• Créer une phrase (avec des cartes-mots et/ou en écrire une), par exemple : Le roi se fait porter ses bagages.

• La faire lire aux élèves, les interroger sur la classe grammaticale de quelques mots, puis créer d'autres phrases (*cf.* p. 63).

→ **Feedback**

S'entrainer à lire des textes fluidement

Procéder de la manière habituelle (*cf.* p. 17).

10 Synthèse

Féliciter les élèves et synthétiser les apprentissages effectués à l'aide d'une carte-texte.

Passer ensuite à la leçon d'encodage.

Encodage

1 Annonce de l'objectif de la leçon

Annoncer aux élèves qu'ils vont s'entrainer à écrire des mots avec les g-gu.

2 Répétition optionnelle des prérequis à l'encodage

Demander aux élèves de pointer les lettres correspondant aux phonèmes prononcés et d'allonger les sons dans les mots selon la procédure habituelle (*cf.* p. 64).

Matériel
- Six lettres/groupes de lettres mobiles (dont les g-gu) à réviser
- Les cartes-images garçon, genou, langue, légume, rouge, vague, visage

Feedback

3 Enseignement de la procédure d'encodage

Procéder de la manière habituelle (*cf.* p. 18) avec les mots suivants : gare, gout, âge, gentil, langue*, gens, bague*, nuage*, longue, rouge*, légume*, gauche, manger, nager, gros, visage*, grand, dragon*, tigre*, regarder.

Matériel
- Les lettres/groupes mobiles des CGP vues jusque-là par élève
- Les lettres mobiles e, t, l, s et d gris (muets) pour l'enseignant
- Une carte-flèche par élève
- Les cartes-images bague, dragon, langue, légume, nuage, rouge, tigre, visage

Feedback

4 Écriture manuscrite dans le cahier

Procéder de la manière habituelle (*cf.* p. 64). La dictée de la phrase suivante peut être proposée : Le dragon a une longue langue.

Matériel
Un cahier d'écriture et un crayon par élève

Feedback

5 Synthèse

Féliciter les élèves et synthétiser les apprentissages effectués, par exemple à l'aide des lettres mobiles.

6 Évaluation formative

- Rappeler à l'élève de se concentrer et lui demander de lire les mots successivement.
- Si l'élève réussit à lire 80 % des items, passer à la leçon ***Introduire les CGP « eu-eur »*** (ci-après).
- Si l'élève ne réussit pas l'évaluation, faire une leçon ***Remédiation du décodage*** (*cf.* p. 26).
- Faire ensuite repasser cette évaluation formative, en modalité de pointage si nécessaire.
- Continuer à avancer (passer à la leçon ***Introduire les CGP « eu-eur »***, ci-après) quand l'élève parvient à lire/pointer 80 % des items de cette évaluation.

Matériel
- Les cartes-mots genou, fromage, gâteau, fatigant, manger, bougie, glisser, longue
- Si nécessaire, trois cartes-mots d'une leçon précédente pour une évaluation par pointage

Introduire les CGP

1 Annonce de l'objectif de la leçon

Annoncer aux élèves qu'ils vont apprendre/revoir de nouveaux groupes de lettres.

2 Introduction des graphèmes « eu-eur »

Prendre la page-graphème, montrer le eu et expliquer : Vous connaissez déjà ces deux lettres, le e et le u (les montrer successivement). Quand elles sont ensemble (les entourer), elles font le son /eu/ comme dans feu (montrer l'image). Montrer le eur : Quand il y a un r en plus, elles font /eur/, comme dans fleur (montrer l'image). Elles sont écrites en violet parce qu'elles se lisent ensemble (les entourer successivement). Quand elles sont au début d'une phrase ou au début d'un prénom, le e s'écrit en majuscule (montrer les E majuscules).

Matériel
La page-graphème eu-Eu – eur-Eur

3 Tâche de conscience phonémique : localisation du phonème

Expliquer aux élèves qu'ils vont s'entrainer à écouter le son /eu/, comme dans feu, ou les sons /eur/, comme dans fleur. Procéder de la manière habituelle (*cf.* p. 60).

Matériel
- Les cartes-images beurre, bleu, Europe, feu, fleur, fleuve, ordinateur, pneu, banane, collier, lumière
- Une carte-flèche

Feedback

4 Apprentissage du geste d'écriture avec le doigt sur le modèle en gris

Procéder de la manière habituelle (*cf.* p. 12).

Matériel
- La page-graphème eu-Eu – eur-Eur
- Les modèles des lettres eu-Eu et eur-Eur en gris par élève

Feedback

5 Synthèse

Féliciter les élèves et synthétiser les apprentissages effectués avec la page-graphème.

Après avoir répété si nécessaire cette leçon ***Introduire les CGP « eu-eur »***, passer à la leçon ***Calligraphie*** (ci-après) avec les élèves pour qui c'est possible.

Calligraphie

Procéder à la calligraphie du eu-Eu, puis du eur-Eur de la manière habituelle (*cf.* p. 13).

Évaluation formative

- Demander à l'élève successivement quel son font ces lettres.
- Si l'élève réussit l'évaluation, passer à la leçon ***Décodage*** (ci-après).
- Si l'élève ne réussit pas l'évaluation, faire une leçon ***Remédiation de la CGP*** (*cf.* p. 14).
- Passer à la leçon ***Décodage*** (ci-après) quand l'élève réussit l'évaluation, que ce soit oralement ou par pointage.

Matériel
- La page-graphème eu-Eu – eur-Eur
- Les modèles des lettres eu-Eu et eur-Eur en gris par élève
- Un feutre effaçable, un crayon, un cahier par élève

Matériel
- Les cartes-lettres eu, Eu, eur, Eur
- Si nécessaire, pour une évaluation par pointage, trois autres cartes-lettres

Décodage

1 Annonce de l'objectif de la leçon

Annoncer aux élèves qu'ils vont s'entrainer à lire des mots et des textes avec les eu-eur.

2 Répétition optionnelle des prérequis au décodage

Procéder de la manière habituelle pour la révision des graphèmes et la fusion de phonèmes (*cf.* p. 14).

Matériel
- Un dé sur les faces duquel on inscrit 6 graphèmes à réviser (dont les eu et eur), en minuscule puis en majuscule
- Les cartes-images beurre, bleu, feu, fleur, pneu
- Quatre pièces de LEGO®

Feedback

3 Décodage

Donner les mots à lire aux élèves et mettre en évidence le sens des mots selon la procédure habituelle (*cf.* p. 67). Par exemple : Un rongeur, c'est un petit animal comme une souris ou un rat.

Matériel
- Les cartes-mots des CGP eu-eur du livret de lecture
- Les cartes-images agriculteur, bleu, deux, feu, pleurer, Europe, fleuve, pêcheur, rongeur

4 Lire des mots-outils

Procéder de la manière habituelle pour les mots-outils à réviser (*cf.* p. 15).

Matériel
Les cartes-mots de mots à réviser : une, un, Le, mais, ne

Feedback

5 S'entrainer à lire plusieurs fois chaque mot

Matériel
- Les cartes-mots des CGP eu-eur du livret de lecture ainsi que quelques mots des leçons précédentes, p.e. prune, promène, rusé
- Les mêmes cartes-images que ci-dessus ainsi que les cartes-images des mots supplémentaires (p.e. prune)

Apparier un mot écrit à son image

Prendre les cartes-mots feu, deux, rongeur, fleuve, Europe, bleu, pêcheur, agriculteur, pleurer, prune et procéder de la manière habituelle (*cf.* p. 47).

Feedback

Mettre des mots dans une phrase orale

Prendre les cartes-mots jeu, peur, nombreux, malheureux, jeune, peuple, mystérieux, visiteur, sauveur, joueur, furieux, plusieurs, longueur, profondeur, couleur, creuser, heure, promène, rusé, une, un, Le, mais, ne, et procéder de la manière habituelle (*cf.* p. 47).

Feedback

Trier des mots selon qu'il s'agit de verbes, de noms ou d'adjectifs

Trier des cartes-mots de noms (par exemple, feu, jeu, peur, rongeur, fleuve, peuple, pêcheur, agriculteur, couleur, prune), de verbes (par exemple, pleurer, creuser, pleurer, promène) et d'adjectifs (par exemple, malheureux, mystérieux, furieux, rusé) et procéder tel qu'indiqué en page 85.

Feedback

6 Lire un texte

Matériel
Les cartes-textes :
- Le joueur de flute
- Le Danube

- Pour la première carte-texte, annoncer : On va lire une adaptation d'un autre conte qui a été diffusé par les frères Grimm en 1812. Vous vous souvenez, un conte, c'est une histoire imaginaire, une histoire qui n'est pas vraie, qui est inventée. Ce conte s'appelle « Le joueur de flute ».
- Faire lire les textes aux élèves et leur poser des questions selon la procédure habituelle (*cf.* p. 48).

Feedback

Création de phrases

Matériel
Les cartes-mots de la leçon et quelques cartes-mots de leçons précédentes et/ou un stylo

- Créer une phrase (avec des cartes-mots et/ou en écrire une), par exemple : Les pêcheurs sont au bord du fleuve.
- La faire lire aux élèves, les interroger sur la classe grammaticale de quelques mots, puis créer d'autres phrases (*cf.* p. 63).

Feedback

S'entrainer à lire des textes fluidement

Procéder de la manière habituelle (*cf.* p. 17).

7 Synthèse

Féliciter les élèves et synthétiser les apprentissages effectués à l'aide d'une carte-texte.

Passer ensuite à la leçon d'encodage.

Encodage

1 Annonce de l'objectif de la leçon

Annoncer aux élèves qu'ils vont s'entrainer à écrire des mots avec les eu-eur.

Matériel
- Six lettres/groupes de lettres mobiles (dont les eu-eur) à réviser
- Les cartes-images beurre, feu, fleur, fleuve, pêcheur

Feedback

2 Répétition optionnelle des prérequis à l'encodage

Demander aux élèves de pointer les lettres correspondant aux phonèmes prononcés et d'allonger les sons dans les mots selon la procédure habituelle (*cf.* p. 64).

Matériel
- Les lettres/groupes mobiles des CGP vues jusque-là par élève
- Les lettres mobiles x, e et h gris (muets) pour l'enseignant
- Une carte-flèche par élève
- Les cartes-images bleu, deux, Europe, feu, fleur, fleuve, pleurer

Feedback

3 Enseignement de la procédure d'encodage

Procéder de la manière habituelle (*cf.* p. 18) avec les mots suivants : deux*, feu*, peu, jeu, seul, jeune, peur, heure, vieux, couleur, fleur*, fleuve*, bonheur, Europe*, voleur, bleu*, sérieux, amoureux, douleur, pleurer*, creuser.

Matériel
Un cahier d'écriture et un crayon par élève

Feedback

4 Écriture manuscrite dans le cahier

Procéder de la manière habituelle (*cf.* p. 64). La dictée de la phrase suivante peut être proposée : La fleur est de couleur bleue.

5 Synthèse

Féliciter les élèves et synthétiser les apprentissages effectués à l'aide des lettres mobiles.

6 Évaluation formative

- Rappeler à l'élève de se concentrer et lui demander de lire les mots successivement.
- Si l'élève réussit à lire 80 % des items, passer à la leçon ***Introduire la CGP « z »*** (ci-après).
- Si l'élève ne réussit pas l'évaluation, faire une leçon ***Remédiation du décodage*** (*cf.* p. 26).
- Faire ensuite repasser cette évaluation formative, en modalité de pointage si nécessaire.
- Continuer à avancer (passer à la leçon ***Introduire la CGP « z »***, ci-après) quand l'élève parvient à lire/pointer 80 % des items de cette évaluation.

Matériel
- Les cartes-mots feu, peur, jeune, bleue, fleuve, couleur, furieux, pleurer
- Si nécessaire, trois cartes-mots d'une leçon précédente pour une évaluation par pointage

Introduire la CGP

1 Annonce de l'objectif de la leçon

Annoncer aux élèves qu'ils vont apprendre/revoir une nouvelle lettre.

2 Introduction de la correspondance graphème « z » - phonème /z/

- Demander aux élèves quel son on entend à la fin des mots (*cf.* p. 60).

- Prendre la page-graphème z – Z : Vous vous souvenez, on avait vu que le son /z/ pouvait s'écrire avec la lettre s, quand elle est entre deux voyelles. Le son /z/ peut aussi s'écrire avec la lettre z (montrer). Le son /z/ s'écrit avec la lettre z au début de zèbre ou de zoo (montrer les images). Quand le z est en début de phrase, ou au début d'un prénom, il s'écrit en majuscule, comme ça (montrer le Z majuscule). C'est le même en plus grand.

Matériel
- Trois cartes-images de mots se terminant par /z/ (p.e. onze, douze)
- La page-graphème z-Z

3 Tâche de conscience phonémique : localisation du phonème

Procéder de la manière habituelle (*cf.* p. 60).

Matériel
- Les cartes-images chimpanzé, douze, gazelle, gazon, lézard, magazine, zèbre, autruche, trèfle, violon
- Une carte-flèche

Feedback

4 Apprentissage du geste d'écriture avec le doigt sur le modèle en gris

Procéder de la manière habituelle (*cf.* p. 12), sur le z minuscule puis majuscule.

Matériel
- La page-graphème z-Z
- Les modèles des lettres z-Z en gris par élève

Feedback

5 Synthèse

Féliciter les élèves et synthétiser les apprentissages effectués en montrant la page-graphème.

Après avoir répété si nécessaire cette leçon ***Introduire la CGP* «z»**, passer à la leçon ***Calligraphie*** (ci-après) avec les élèves pour qui c'est possible.

Calligraphie

Procéder à la calligraphie du z minuscule puis majuscule selon la procédure habituelle (*cf.* p. 13).

Évaluation formative

- Demander à l'élève successivement quel son font ces lettres.
- Si l'élève réussit l'évaluation, passer à la leçon ***Décodage*** (ci-après).
- Si l'élève ne réussit pas l'évaluation, faire une leçon ***Remédiation de la CGP*** (*cf.* p. 14).
- Passer à la leçon ***Décodage*** (ci-après) quand l'élève réussit l'évaluation, que ce soit oralement ou par pointage.

Matériel
- La page-graphème z-Z
- Les modèles des lettres z-Z en gris par élève
- Un feutre effaçable, un crayon, un cahier par élève

Matériel
- Les cartes-lettres z et Z
- Si nécessaire, trois autres cartes-lettres pour une évaluation par pointage

Décodage

1 Annonce de l'objectif de la leçon

Annoncer aux élèves qu'ils vont s'entrainer à lire des mots et des textes avec le z.

2 Répétition optionnelle des prérequis au décodage

Procéder de la manière habituelle pour la révision des graphèmes et la fusion de phonèmes (*cf.* p. 14).

Matériel
- Un dé sur les faces duquel on inscrit 6 graphèmes à réviser (dont le z), en minuscule puis en majuscule
- Les cartes-images douze, gazon, zèbre, zoo
- Quatre pièces de LEGO®

Feedback

3 Décodage

Donner les mots à lire aux élèves et mettre en évidence le sens des mots selon la procédure habituelle (*cf.* p. 67). Par exemple : Le bronze, c'est un métal un peu brun, comme pour faire les médailles de bronze.

Matériel
- Les cartes-mots de la CGP z du livret de lecture
- Les cartes-images chimpanzé, douze, gazelle, gazon, lézard, magazine, zèbre, zoo

Feedback

4 Lire des mots-outils

Procéder de la manière habituelle pour les mots-outils à réviser (*cf.* p. 15).

Matériel
Les cartes-mots de mots à réviser : Ces, se, sa, de, des

Feedback

5 S'entrainer à lire plusieurs fois chaque mot

Apparier un mot écrit à son image

Prendre les cartes-mots zèbre, gazelle, gazon, douze, chimpanzé, magazine, zoo, lézard, saladier et procéder de la manière habituelle (*cf.* p. 47).

Mettre des mots dans une phrase orale

Prendre les cartes-mots zéro, zébrure, bronze, trapéziste, dizaine, bizarrement, zut, bazar, bizarre, bronzé, fatigant, couleur, raconte, Ces, se, sa, de, des et procéder de la manière habituelle (*cf.* p. 47).

Trier des mots selon qu'il s'agit de verbes, de noms ou d'adjectifs

Trier des cartes-mots de noms (par exemple, zèbre, gazelle, gazon, chimpanzé, magazine, zoo, zébrure, dizaine, lézard, saladier, couleur), de verbes (raconte) et d'adjectifs (bizarre, bronzé, fatigant) et procéder tel qu'indiqué en page 85.

Matériel
- Les cartes-mots de la CGP z du livret de lecture ainsi que quelques mots des leçons précédentes, p.e. saladier, fatigant, couleur, raconte
- Les mêmes cartes-images que ci-dessus ainsi que les cartes-images des mots supplémentaires (p.e. saladier)
- Les cartes-mots Ces, se, sa, de, des

Feedback

Feedback

6 Lire un texte

- Pour la deuxième carte-texte, annoncer : On va lire une adaptation d'un conte qui a été écrit par Léon Tolstoï en 1888, donc il y a plus de cent ans. Vous vous souvenez, un conte, c'est une histoire imaginaire, une histoire inventée. Cette adaptation s'appelle « Les habits du roi ».

- Faire lire les textes aux élèves et leur poser des questions selon la procédure habituelle (*cf.* p. 48).

Matériel
Les cartes-textes :
– Le zèbre, la gazelle et le chimpanzé
– Les habits du roi

Feedback

Création de phrases

- Créer une phrase (avec des cartes-mots et/ou en écrire une), par exemple : Le zèbre ne mange pas de viande, il mange de l'herbe.

- La faire lire aux élèves, les interroger sur la classe grammaticale de quelques mots, puis créer d'autres phrases (*cf.* p. 63).

Matériel
Les cartes-mots de la leçon et quelques cartes-mots de leçons précédentes et/ou un stylo

Feedback

S'entrainer à lire des textes fluidement

Procéder de la manière habituelle (*cf.* p. 17).

7 Synthèse

Féliciter les élèves et synthétiser les apprentissages effectués à l'aide d'une carte-texte.

Passer ensuite à la leçon d'encodage.

Encodage

1 Annonce de l'objectif de la leçon

Annoncer aux élèves qu'ils vont s'entrainer à écrire des mots avec le z.

Matériel
- Six lettres/groupes de lettres mobiles (dont le z) à réviser
- Les cartes-images gazelle, gazon, lézard, magazine, zèbre

Feedback

2 Répétition optionnelle des prérequis à l'encodage

Demander aux élèves de dire le son correspondant aux lettres pointées et d'allonger les sons dans les mots selon la procédure habituelle (*cf.* p. 64).

Matériel
- Les lettres/groupes mobiles des CGP vues jusque-là par élève
- Les lettres mobiles e et d gris (muets) pour l'enseignant
- Une carte-flèche par élève
- Les cartes-images chimpanzé, gazelle, gazon, lézard, magazine, zèbre, douze, zoo

Feedback

3 Enseignement de la procédure d'encodage

Procéder de la manière habituelle (*cf.* p. 18) avec les mots suivants : zoo*, zut, zone, gaz, douze*, zéro, onze, gazon*, lézard*, bazar, bizarre, gazelle*, zèbre*, bronzé, chimpanzé*, magazine*.

4 Écriture manuscrite dans le cahier

Procéder de la manière habituelle (*cf.* p. 64). La dictée de la phrase suivante peut être proposée : Ce zèbre vit au zoo.

Matériel
Un cahier d'écriture et un crayon par élève

Feedback

5 Synthèse

Féliciter les élèves et synthétiser les apprentissages effectués à l'aide des lettres mobiles.

6 Évaluation formative

- Rappeler à l'élève de se concentrer et lui demander de lire les mots successivement.
- Si l'élève réussit à lire 80 % des items, passer à la leçon ***Révision – fin de module 11*** (ci-après).
- Si l'élève ne réussit pas l'évaluation, faire une leçon ***Remédiation du décodage*** (*cf.* p. 26).
- Faire ensuite repasser cette évaluation formative, en modalité de pointage si nécessaire.
- Continuer à avancer (passer à la leçon ***Révision – fin de module 11***, ci-après) quand l'élève parvient à lire/pointer 80 % des items de cette évaluation.

Matériel
- Les cartes-mots magazine, lézard, zoo, gazelle, zèbre, chimpanzé, bronzé, bizarre
- Si nécessaire, trois cartes-mots d'une leçon précédente pour une évaluation par pointage

Révision – fin de module 11

Pour les objectifs et l'organisation des leçons de révision, *cf.* page 56.

1 Annonce de l'objectif de la leçon

Annoncer aux élèves qu'ils vont s'entrainer à relire les mots et les textes qu'ils ont déjà appris à lire, pour les lire avec de plus en plus de facilité.

2 Révision du fonctionnement de certaines CGP

Rappeler aux élèves dans quels cas le g fait /g/ puis leur donner les mots à lire (*cf.* p. 111).

Rappeler aux élèves dans quels cas le g fait /j/ puis leur donner les mots à lire (*cf.* p. 113).

Rappeler aux élèves que dans certains mots il y a un g qui fait /g/ et un g qui fait /j/, puis leur donner les mots à lire (*cf.* p. 114).

Matériel
- La carte résumant le fonctionnement des CGP g et gu
- Les cartes-mots du livret de lecture avec la CGP g faisant /g/
- Les cartes-images frigo, gâteau, légumes
- Les cartes-mots du livret de lecture avec la CGP g faisant /j/
- Les cartes-images bougie, fromage, genou
- Les cartes-mots bagage, garage, grange

3 Identification de mots

Apparier un mot écrit à son image (pour les mots imageables)

Prendre environ 15 cartes-mots et les 15 cartes-images correspondantes, et procéder de la manière habituelle (*cf.* p. 47).

Matériel
Les cartes-mots bagage, garage, grange (*cf.* livret de lecture)

Mettre des mots dans une phrase orale

Prendre environ 15 cartes-mots de mots pas/peu imageables et procéder de la manière habituelle (*cf.* p. 47).

Trier des noms en fonction de leur classe grammaticale

Prendre environ 15 cartes-mots de noms, de verbes et d'adjectifs et procéder de la manière habituelle (*cf.* p. 85).

4 Lecture de phrases et de textes

Lire des textes et répondre à des questions

Prendre environ 6 cartes-textes. Les faire lire aux élèves, les relire fluidement et poser des questions en fonction du texte lu (*cf.* p. 48).

S'entrainer à lire des textes fluidement

Demander aux élèves de relire deux ou trois fois un même texte, en leur fournissant un feedback à chaque lecture, selon la procédure habituelle (*cf.* p. 17).

Créer des phrases avec des mots

Créer des phrases avec des cartes-mots et les faire lire aux élèves (*cf.* p. 58).

5 Synthèse

Féliciter les élèves et synthétiser les apprentissages effectués pendant la leçon.

module 12

Les graphèmes « gn », « y », « k », « ph », « x »

plan du module

Le graphème « gn »
Le graphème « y »
Le graphème « k »
Le graphème « ph »
Le graphème « x »

matériel

matériel collectif

- Les pages-graphèmes gn, y-Y, k-K, ph-Ph, x-X
- Le livret de lecture
- Des cartes pour les activités de tri
- Des cartes-images
- Des cartes-flèches
- Des pièces de LEGO®

matériel individuel par élève

- Des modèles de lettres gn, y-Y, k-K, ph-Ph, x-X en gris
- Un feutre effaçable
- Un crayon ou stylo
- Un cahier d'écriture

Introduire les CGP

Les leçons continuent à commencer par l'annonce des objectifs et à se terminer par la synthèse des apprentissages effectués.

1 Introduction du graphème « gn »

- Demander aux élèves quel son on entend à la fin des mots.
- Montrer la page-graphème aux élèves : C'est le son /gn/ (insister sur le son) qu'on entend à la fin de ces mots. Le son /gn/ ressemble au son /n/, le son de la lettre n, mais il est un peu différent, /gn/ (insister sur le son et demander aux élèves de le prononcer). Le son /gn/ s'écrit avec ces deux lettres, le g et le n. Ces deux lettres se lisent ensemble, comme si elles se mélangeaient (les entourer). C'est pour ça qu'elles sont écrites en violet. On entend /gn/ à la fin de montagne et de cigogne (insister légèrement sur les /gn/ en montrant les images successivement).

Matériel
- Trois cartes-images de mots se terminant par gn (p.e. montagne, cigogne, peigne)
- La page-graphème gn

2 Tâche de conscience phonémique : localisation du phonème

Procéder de la manière habituelle.

Matériel
- Les cartes-images agneau, araignée, champignon, cigogne, cygne, montagne, ognon, peigne, balançoire, corbeau, lutin
- Une carte-flèche

3 Apprentissage du geste d'écriture avec le doigt sur le modèle en gris

Procéder de la manière habituelle.

Matériel
- La page-graphème gn
- Le modèle des lettres gn en gris par élève

4 Calligraphie

Procéder de la manière habituelle.

Matériel
Même matériel que pour l'activité ci-dessus + un feutre effaçable, un crayon, un cahier par élève

5 Évaluation formative

Procéder de la manière habituelle.

Matériel
La carte-lettre gn
(et trois autres cartes-lettres si nécessaire)

Décodage

1 Répétition optionnelle de la CGP gn (avec le dé)

2 Décodage

Donner les mots à lire aux élèves et mettre en évidence le sens des mots selon la procédure habituelle. Par exemple : Le rossignol, c'est un petit oiseau (montrer la carte-image).

Matériel
- Les cartes-mots de la CGP gn du livret de lecture
- Les cartes-images agneau, araignée, champignon, châtaigne, chignon, cigogne, montagne, ognon, peigne, peignoir, rossignol, vigne

3 Lire des mots-outils

Procéder de la manière habituelle.

Matériel
Les cartes-mots de mots à réviser : En, qui, On, aussi, elle

4 S'entrainer à lire plusieurs fois chaque mot

Matériel
- Les cartes-mots de la CGP gn du livret de lecture ainsi que quelques mots des leçons précédentes, p.e. zèbre, heureux, longue
- Les mêmes cartes-images que ci-dessus ainsi que les cartes-images des mots supplémentaires (p.e. zèbre)
- Les cartes-mots En, qui, On, aussi, elle
- Les cartes Verbe, Nom, Masculin, Féminin, Adjectif
- Les cartes avec les groupes nominaux du livret de lecture

Apparier un mot écrit à son image

Procéder de la manière habituelle avec les cartes-mots agneau, araignée, montagne, ognon, cigogne, champignon, châtaigne, rossignol, vigne, peigne, peignoir, chignon, zèbre.

Mettre des mots dans une phrase orale

Procéder de la manière habituelle avec les cartes-mots grignote, beignet, mignon, compagnon, magnifique, campagne, baigner, gagner, ligne, poignée, saigner, consigne, heureux, longue, En, qui, On, aussi, elle.

Trier des (groupes de) mots selon qu'il s'agit de verbes ou de groupes nominaux masculin ou féminin

• Placer les cartes Verbe, Nom, Masculin, Féminin, et Adjectif comme indiqué en bas de page. Prendre les cartes avec les groupes nominaux, montrer Un joli chignon aux élèves et expliquer : On va de nouveau trier des mots mais cette fois on a des cartes avec plusieurs mots. Par exemple, ici, on a un joli chignon (montrer la carte et pointer les mots successivement). Chignon (montrer le mot chignon), c'est le nom, on dit un chignon, c'est un nom masculin. Il est comment ce chignon, il est joli (montrer le mot joli), donc joli c'est l'adjectif. On a un nom et un adjectif masculins, c'est un groupe masculin (mettre la carte avec le groupe nominal sous la carte Masculin). Prendre Une jolie montagne et expliquer aux élèves : Ici, on a une jolie montagne (montrer la carte et pointer les mots successivement). Montagne (montrer le mot montagne), c'est le nom, on dit une montagne, c'est un nom féminin. Elle est comment cette montagne, elle est jolie (montrer le mot jolie), donc jolie, c'est l'adjectif. Cette fois on a un nom et un adjectif féminins, c'est un groupe féminin (mettre la carte avec le groupe nominal sous la carte Féminin). Vous voyez, on a le même adjectif, joli et jolie (les pointer successivement), mais ici il est au masculin (montrer joli) et ici au féminin (montrer jolie). Souvent, les adjectifs au féminin ont un e à la fin (montrer le e de jolie). Ce sont des e qui ne font pas de son, c'est pour ça qu'ils sont écrits en gris ici.

• Prendre la carte Une petite araignée et demander aux élèves de dire si c'est un groupe masculin ou féminin en étayant avec des questions : Quel est le nom dans ce groupe ? C'est un nom masculin ou féminin ? Quel est l'adjectif dans ce groupe, le mot qui explique comment est l'araignée ?

• Donner les autres cartes avec des groupes nominaux aux élèves ainsi que les cartes baigner, gagner, grignote et leur dire : On va continuer à trier ces cartes. Attention, il y a aussi des verbes. Fournir l'étayage nécessaire et utiliser la procédure de feedback.

• Rendre les élèves attentifs à la différence entre l'adjectif au masculin et l'adjectif au féminin lorsqu'il y a lieu. Par exemple, pour beau et belle : Vous voyez, beau et belle ça veut dire la même chose, mais au masculin on dit beau et au féminin on dit belle. Par exemple, un beau champignon (montrer la carte Masculin) et une belle cigogne (montrer la carte Féminin), ou alors un beau garçon (montrer la carte Masculin) et une belle fille (montrer la carte Féminin).

Feedback

Verbe	Nom	Adjectif
	Masculin	Féminin

5 Lire un texte

Faire lire les textes aux élèves et leur poser des questions selon la procédure habituelle.

Matériel
Les cartes-textes :
– Les matins d'Agnès
– Un beau pays

Création de phrases

• Créer une phrase (avec des cartes-mots et/ou en écrire une), par exemple : Une magnifique cigogne vole dans le ciel.

• La faire lire aux élèves, les interroger sur la classe grammaticale de quelques mots, puis créer d'autres phrases.

Matériel
Les cartes-mots de la leçon et quelques cartes-mots de leçons précédentes et/ou un stylo

S'entrainer à lire des textes fluidement

Procéder de la manière habituelle.

Encodage

1 Répétition optionnelle des prérequis à l'encodage

Procéder si nécessaire de la manière habituelle avec des lettres mobiles (dont le gn) et des cartes-images de mots contenant la CGP gn à allonger.

Matériel
- Les lettres/groupes mobiles des CGP vues jusque-là et une carte-flèche par élève
- Les lettres mobiles grises pour l'enseignant
- Les cartes-images agneau, araignée, champignon, châtaigne, chignon, cigogne, montagne, ognon, peigne, peignoir, rossignol, vigne

2 Enseignement de la procédure d'encodage

Procéder de la manière habituelle avec les mots du livret de lecture.

3 Écriture manuscrite dans le cahier

Procéder de la manière habituelle avec la phrase suivante pour la dictée : L'agneau est mignon.

Matériel
Un cahier d'écriture et un crayon par élève

4 Évaluation formative

Procéder de la manière habituelle.

Matériel
Les cartes-mots araignée, champignon, peigne, montagne, ognon, gagner, magnifique, mignon (et trois autres cartes-mots si nécessaire)

Le graphème « y »

Introduire la CGP

1 Introduction du graphème « y »

Prendre la page-graphème, montrer le y et expliquer : Cette lettre c'est le y. Le y fait souvent le son /i/, comme la lettre i. Le son /i/ s'écrit par exemple avec un y dans le mot pyjama (insister légèrement sur le /i/ et montrer l'image). Le y peut aussi faire /ill/, comme dans le mot crayon (insister légèrement sur le /ill/ et montrer l'image). Quand il est en début de phrase ou au début d'un prénom, le y s'écrit en majuscule, comme ceci (montrer la majuscule).

Matériel
La page-graphème y-Y

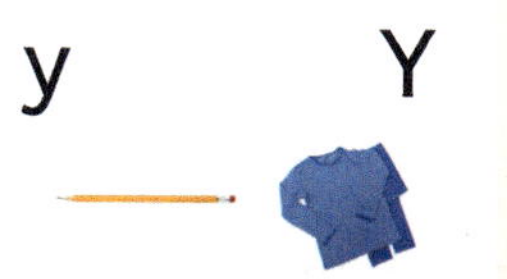

2 Tâche de conscience phonémique : localisation du phonème

Expliquer aux élèves qu'ils vont d'abord s'entrainer à écouter le son /i/, un des sons que peut faire le y. Procéder de la manière habituelle.

Expliquer aux élèves qu'ils vont maintenant s'entrainer à écouter le son /ill/, l'autre son que peut faire le y. Procéder de la manière habituelle.

Matériel
- Les cartes-images cygne, labyrinthe, paysage, paysan, pyjama, pyramide, stylo, bouchon, forêt
- Une carte-flèche

Matériel
- Les cartes-images crayon, noyau, tuyau, épaule, fraise, gazelle
- Une carte-flèche

3 Apprentissage du geste d'écriture avec le doigt sur le modèle en gris

Procéder de la manière habituelle.

Matériel
- La page-graphème y-Y
- Les modèles des lettres y-Y en gris par élève

4 Calligraphie

Procéder de la manière habituelle.

Matériel
Même matériel que pour l'activité ci-dessus + un feutre effaçable, un crayon, un cahier par élève

5 Évaluation formative

Procéder de la manière habituelle.

Matériel
Les cartes-lettres y et Y
(et trois autres cartes-lettres si nécessaire)

Décodage

1 Répétition optionnelle de la CGP y (avec le dé)

2 Décodage

Matériel
- Les cartes-mots de la CGP y du livret de lecture
- Les cartes-images crayon, cyclope, cygne, labyrinthe, noyau, paysage, paysan, pyjama, pyramide, stylo, tuyau

• Le fonctionnement de la CGP y est relativement complexe. Il fait /i/ lorsqu'il est entouré de consonnes, et /ill/ lorsqu'il est entouré d'au moins une voyelle, sauf dans les mots de la famille de pays. De plus, lorsqu'il fait /ill/, il influence le phonème correspondant au graphème précédant (/crèillon/ au lieu de /craillon/, /voillage/ au lieu de /vollage/). Il vaut donc mieux laisser les élèves décoder les mots contenant cette CGP y et leur fournir un feedback correctif si nécessaire. Par exemple, si un enfant dit /craillon/, lui dire : On dit /crèillon/. Ils pourront ensuite progressivement intégrer de quelle manière se lisent tels mots (voie d'adressage).

• Donner les mots à lire aux élèves et mettre en évidence le sens des mots selon la procédure habituelle. Par exemple : Un cyclope, c'est un humain qui n'a qu'un œil, comme il y en a dans des histoires inventées (montrer l'image).

3 Lire des mots-outils

Procéder de la manière habituelle.

Matériel
Les cartes-mots de mots à réviser : Avec, C'est, leur, sous, plein

4 S'entrainer à lire plusieurs fois chaque mot

Matériel
- Les cartes-mots de la CGP y du livret de lecture ainsi que quelques mots des leçons précédentes, p.e. baigner, hérisson, jeune
- Les mêmes cartes-images que ci-dessus ainsi que les cartes-images des mots supplémentaires (p.e. hérisson)
- Les cartes-mots : Avec, C'est, leur, sous, plein
- Les cartes Verbe, Nom, Masculin, Féminin, Adjectif
- Les cartes avec les groupes nominaux des CGP gn et y du livret de lecture

Apparier un mot écrit à son image

Procéder de la manière habituelle avec les cartes-mots crayon, cyclope, cygne, labyrinthe, noyau, paysage, paysan, pyjama, pyramide, stylo, tuyau, hérisson.

Mettre des mots dans une phrase orale

Procéder de la manière habituelle avec les cartes-mots foyer, voyage, voyageur, effrayé, type, voyant, royaume, Égypte, pays, mystère, papyrus, incroyable, joyaux, payer, joyeux, hyper, essayer, baigner, jeune, Avec, C'est, leur, sous, plein

Trier des (groupes de) mots selon qu'il s'agit de verbes ou de groupes nominaux masculin ou féminin

• Placer les cartes Verbe, Nom, Masculin, Féminin, et Adjectif comme indiqué ci-dessous. Prendre les cartes avec les groupes nominaux, montrer Un roi joyeux aux élèves et expliquer : On va de nouveau trier des cartes avec plusieurs mots. Par exemple, ici, on a un roi joyeux (montrer la carte et pointer les mots successivement). Roi (montrer le mot roi) c'est le nom, on dit un roi, c'est un nom masculin. Il est comment ce roi, il est joyeux (montrer le mot joyeux), donc joyeux, c'est l'adjectif. On a un nom et un adjectif masculins, c'est un groupe masculin (mettre la carte avec le groupe nominal sous la carte Masculin). Procéder de la même manière avec Une reine joyeuse puis rendre les élèves attentifs à la différence entre l'adjectif au masculin et l'adjectif au féminin.

• Donner les autres cartes avec des groupes nominaux aux élèves ainsi que les cartes payer, essayer, baigner et leur dire : On va continuer à trier ces cartes. Attention, il y a aussi des verbes. Fournir l'étayage nécessaire et utiliser la procédure de feedback.

Feedback

• Rendre les élèves attentifs à la différence entre l'adjectif au masculin et l'adjectif au féminin lorsqu'il y a lieu.

Verbe		Nom	Adjectif	
	Masculin			Féminin

5 Lire un texte

- Pour la deuxième carte-texte, annoncer : On va lire une adaptation d'une histoire qui a été écrite par Homère, un écrivain qui a vécu en Grèce il y a très très longtemps, il y a presque 3 000 ans. Cette histoire s'appelle « Ulysse et le cyclope ». Ulysse, c'est le héros de l'histoire, et un cyclope, vous vous souvenez, c'est un personnage imaginaire qui n'a qu'un œil (montrer l'image).
- Faire lire les textes aux élèves et leur poser des questions selon la procédure habituelle.

Matériel
- Les cartes-textes :
  – L'Égypte
  – Ulysse et le cyclope
- La carte-image cyclope

Création de phrases

Procéder de la manière habituelle, par exemple avec la phrase : Les enfants mettent leur pyjama pour aller dormir.

Matériel
Les cartes-mots de la leçon et quelques cartes-mots de leçons précédentes et/ou un stylo

S'entrainer à lire des textes fluidement

Procéder de la manière habituelle.

Encodage

1 Répétition optionnelle des prérequis à l'encodage

Procéder si nécessaire de la manière habituelle avec des lettres mobiles (dont le y) et des cartes-images de mots contenant la CGP y à allonger.

2 Enseignement de la procédure d'encodage

Procéder de la manière habituelle avec les mots du livret de lecture.

Matériel
- Les lettres/groupes mobiles des CGP vues jusque-là et une carte-flèche par élève
- Les lettres mobiles grises pour l'enseignant
- Les cartes-images crayon, cyclope, cygne, labyrinthe, noyau, paysage, paysan, pyjama, pyramide, stylo, tuyau

3 Écriture manuscrite dans le cahier

Procéder de la manière habituelle avec la phrase suivante pour la dictée : Le cygne est sur le lac.

Matériel
Un cahier d'écriture et un crayon par élève

4 Évaluation formative

Procéder de la manière habituelle.

Matériel
Les cartes-mots cygne, pyramide, joyeux, voyage, pays, crayon, payer, paysage (et trois autres cartes-mots si nécessaire)

Introduire la CGP

1 Introduction de la correspondance graphème « k » - phonème /k/

- Demander aux élèves quel son on entend au début des mots.
- Prendre la page-graphème k-K : Vous vous souvenez, on avait vu que le son /k/ pouvait s'écrire avec la lettre c ou avec les lettres qu. Le son /k/ peut aussi s'écrire avec la lettre k (montrer). Le son /k/ s'écrit avec la lettre k au début de koala ou de kangourou (montrer les images). Quand le k est en début de phrase, ou au début d'un prénom, il s'écrit en majuscule, comme ça (montrer le K majuscule).

Matériel
- Trois cartes-images de mots commençant par k : koala, kangourou, kiosque
- La page-graphème k-K

2 Tâche de conscience phonémique : localisation du phonème

Expliquer aux élèves qu'ils vont s'entrainer à écouter le son /k/ dans des mots où ce son s'écrit avec la lettre k. Procéder de la manière habituelle.

Matériel
- Les cartes-images basket, kangourou, koala, ski, ticket, viking, lézard, montagne, pyjama
- Une carte-flèche

3 Apprentissage du geste d'écriture avec le doigt sur le modèle en gris

Procéder de la manière habituelle.

Matériel
- La page-graphème k-K
- Les modèles des lettres k-K en gris par élève

4 Calligraphie

Procéder de la manière habituelle.

Matériel
Même matériel que pour l'activité ci-dessus + un feutre effaçable, un crayon, un cahier par élève

5 Évaluation formative

Procéder de la manière habituelle.

Matériel
Les cartes-lettres k et K (et trois autres cartes-lettres si nécessaire)

Décodage

1 Répétition optionnelle de la CGP k (avec le dé)

2 Décodage

Donner les mots à lire aux élèves et mettre en évidence le sens des mots selon la procédure habituelle. Par exemple : Un kilomètre, ça veut dire 1 000 mètres. C'est la distance qu'on fait en marchant environ 30 minutes (ou expliquer que c'est la distance entre deux points que les enfants connaissent).

Matériel
- Les cartes-mots de la CGP k du livret de lecture
- Les cartes-images basket, cake, kaki, kangourou, kiosque, koala, ski, ticket, Viking

3 Lire des mots-outils

Procéder de la manière habituelle.

Matériel
Les cartes-mots de mots à réviser : Les, Voici, dans, qui, et

4 S'entrainer à lire plusieurs fois chaque mot

Apparier un mot écrit à son image

Procéder de la manière habituelle avec les cartes-mots kiosque, ticket, Viking, basket, kangourou, koala, ski/skier, cake, kaki, bleu, crayon.

Mettre des mots dans une phrase orale

Procéder de la manière habituelle avec les cartes-mots Danemark, kilomètre, kidnappait, snack, cookies, paprika, kilo, kebab, bizarre, magnifique, mélanger, Les, Voici, dans, qui, et.

Trier des (groupes de) mots selon qu'il s'agit de verbes ou de groupes nominaux masculin ou féminin

- Placer les cartes Verbe, Nom, Masculin, Féminin et Adjectif comme indiqué en page 130 et prendre les cartes avec les groupes nominaux. Modeler avec le groupe Un koala mignon et Une souris mignonne, en commentant la différence entre l'adjectif au masculin et l'adjectif au féminin.
- Donner les autres cartes avec des groupes nominaux aux élèves ainsi que les cartes kidnappait et mélanger. Demander aux élèves de trier les cartes en leur fournissant l'étayage nécessaire.

Matériel
- Les mots de la CGP k du livret de lecture ainsi que quelques mots des leçons précédentes, p.e. bleu, bizarre, crayon, magnifique, mélanger
- Les mêmes cartes-images que ci-dessus ainsi que les cartes-images des mots supplémentaires (p.e. bleu, crayon)
- Les cartes-mots Les, Voici, dans, qui, et
- Les cartes Verbe, Nom, Masculin, Féminin, Adjectif
- Les cartes avec les groupes nominaux des CGP gn, y et k du livret de lecture

5 Lire un texte

Procéder de la manière habituelle.

Matériel
Les cartes-textes :
- Le kiosque
- Les Vikings

Création de phrases

Procéder de la manière habituelle, par exemple avec la phrase : Le koala dort beaucoup.

Matériel
Les cartes-mots de la leçon et quelques cartes-mots de leçons précédentes et/ou un stylo

S'entrainer à lire des textes fluidement

Procéder de la manière habituelle.

Encodage

1 Répétition optionnelle des prérequis à l'encodage

Procéder si nécessaire de la manière habituelle avec des lettres mobiles (dont le k) et des cartes-images de mots contenant la CGP k à allonger.

Matériel
- Les lettres/groupes mobiles des CGP vues jusque-là et une carte-flèche par élève
- Les lettres mobiles grises pour l'enseignant
- Les cartes-images basket, cake, kaki, kangourou, kiosque, koala, ski, ticket, Viking

2 Enseignement de la procédure d'encodage

Procéder de la manière habituelle avec les mots du livret de lecture.

3 Écriture manuscrite dans le cahier

Procéder de la manière habituelle avec la phrase suivante pour la dictée : Le kangourou pèse environ 80 kilos.

Matériel
Un cahier d'écriture et un crayon par élève

4 Évaluation formative

Procéder de la manière habituelle.

Matériel
Les cartes-mots koala, kangourou, ski, kilo, basket, kiosque, ticket, kaki (et trois autres cartes-mots si nécessaire)

Le graphème « ph »

Introduire la CGP

1 Introduction de la correspondance graphème « ph » - phonème /f/

Matériel
- Trois cartes-images de mots commençant par ph : phare, phoque, photo
- La page-graphème ph-Ph

- Demander aux élèves quel son on entend au début des mots.
- Prendre la page-graphème ph-Ph : Vous vous souvenez, on avait vu que le son /f/ pouvait s'écrire avec la lettre f. Le son /f/ peut aussi s'écrire avec les lettres p et h (les montrer). Ces lettres se lisent ensemble (les entourer), comme si elles se mélangeaient, c'est pour ça qu'elles sont écrites en violet. Le son /ph/ s'écrit avec les lettres ph au début de phoque et de photo (montrer les images). Quand ph est en début de phrase, ou au début d'un prénom, le p s'écrit en majuscule, comme ça (montrer le Ph majuscule).

2 Tâche de conscience phonémique : localisation du phonème

Procéder de la manière habituelle.

Matériel
- Les cartes-images dauphin, éléphant, phare, phoque, photo, téléphone, araignée, koala, noyau
- Une carte-flèche

3 Apprentissage du geste d'écriture avec le doigt sur le modèle en gris

Procéder de la manière habituelle.

Matériel
- La page-graphème ph-Ph
- Les modèles des lettres ph et Ph en gris par élève

4 Calligraphie

Procéder de la manière habituelle.

Matériel
Même matériel que pour l'activité ci-dessus + un feutre effaçable, un crayon, un cahier par élève

5 Évaluation formative

Procéder de la manière habituelle.

Matériel
Les cartes-lettres ph et Ph (et trois autres cartes-lettres si nécessaire)

Décodage

1 Répétition optionnelle de la CGP ph (avec le dé)

2 Décodage

Procéder de la manière habituelle.

Matériel
- Les cartes-mots de la CGP ph du livret de lecture
- Les cartes-images dauphin, éléphant, phare, phoque, photo, téléphone

3 Lire des mots-outils

Procéder de la manière habituelle.

Matériel
Les cartes-mots de mots à réviser : Un, Son, ces, ses, de

4 S'entrainer à lire plusieurs fois chaque mot

Apparier un mot écrit à son image

Procéder de la manière habituelle avec les cartes-mots dauphin, éléphant, phare, phoque, photo, téléphone, koala.

Mettre des mots dans une phrase orale

Procéder de la manière habituelle avec les cartes-mots pharaons, orphelin, catastrophe, sarcophage, photographe, photographié, téléphoner, phrase, pharmacie, alphabet, géographie, vieux, fatigant, découvre, avait, Un, Son, ces, ses, de.

Trier des (groupes de) mots selon qu'il s'agit de verbes ou de groupes nominaux masculin ou féminin

Prendre les cartes avec les groupes nominaux et les verbes téléphoner, découvre, avait et procéder de la manière habituelle (*cf.* p. 130).

Matériel
- Les cartes-mots de la CGP ph du livret de lecture ainsi que quelques mots des leçons précédentes, p.e. koala, vieux, fatigant, découvre, avait
- Les mêmes cartes-images que ci-dessus ainsi que les cartes-images des mots supplémentaires (p.e. koala)
- Les cartes-mots Un, Son, ces, ses, de
- Les cartes Verbe, Nom, Masculin, Féminin, Adjectif
- Les cartes avec les groupes nominaux des CGP gn, y, k et ph du livret de lecture

5 Lire un texte

Procéder de la manière habituelle.

Matériel
Les cartes-textes :
- Des photos d'animaux
- Toutankhamon

Création de phrases

Procéder de la manière habituelle, par exemple avec la phrase : Le phoque mange un poisson.

Matériel
Les cartes-mots de la leçon et quelques cartes-mots de leçons précédentes et/ou un stylo

S'entrainer à lire des textes fluidement

Procéder de la manière habituelle.

Encodage

1 Répétition optionnelle des prérequis à l'encodage

Procéder si nécessaire de la manière habituelle avec des lettres mobiles (dont le ph) et des cartes-images de mots contenant la CGP ph à allonger.

2 Enseignement de la procédure d'encodage

Procéder de la manière habituelle avec les mots du livret de lecture.

Matériel
- Les lettres/groupes mobiles des CGP vues jusque-là et une carte-flèche par élève
- Les lettres mobiles grises pour l'enseignant
- Les cartes-images dauphin, éléphant, phare, phoque, photo, téléphone

3 Écriture manuscrite dans le cahier

Procéder de la manière habituelle avec la phrase suivante pour la dictée :
L'éléphant est pris en photo.

Matériel
Un cahier d'écriture et un crayon par élève

4 Évaluation formative

Procéder de la manière habituelle.

Matériel
Les cartes-mots éléphant, dauphin, phoque, photo, catastrophe, téléphone, phrase, pharmacie (et trois autres cartes-mots si nécessaire)

Le graphème « x »

Introduire la CGP

1 Introduction du graphème « x »

Prendre la page-graphème x-X : Cette lettre, c'est la lettre x. Elle fait le son /ks/, comme on entend à la fin de boxe ou d'index (insister légèrement sur les /ks/ et montrer les images). Quand x est en début de phrase, ou au début d'un prénom, il s'écrit en majuscule, comme ça (montrer le X majuscule). C'est le même en plus grand.

Matériel
La page-graphème x-X

2 Tâche de conscience phonémique : localisation du phonème

Procéder de la manière habituelle.

Matériel
- Les cartes-images boxe, galaxie, index, klaxon, taxi, texte, téléphone, kangourou, maison, pyramide
- Une carte-flèche

3 Apprentissage du geste d'écriture avec le doigt sur le modèle en gris

Procéder de la manière habituelle.

Matériel
- La page-graphème x-X
- Les modèles des lettres x-X en gris par élève

4 Calligraphie

Procéder de la manière habituelle.

Matériel
Même matériel que pour l'activité ci-dessus + un feutre effaçable, un crayon, un cahier par élève

5 Évaluation formative

Procéder de la manière habituelle.

Matériel
Les cartes-lettres x-X (et trois autres cartes-lettres si nécessaire)

Décodage

1 Répétition optionnelle de la CGP x (avec le dé)

2 Décodage

La lettre x se lit le plus souvent /ks/ comme dans taxi, boxe, expérience, mais peut également se prononcer /gz/ comme dans exercice, exemple, exagérer. Il s'agit donc de laisser les élèves décoder les mots contenant cette CGP x et leur fournir un feedback correctif si nécessaire. Par exemple, si un enfant dit /eksercice/, lui dire : On dit /exercice/. Ils pourront ensuite progressivement intégrer de quelle manière se lisent tels mots (voie d'adressage).

Matériel
- Les cartes-mots de la CGP x du livret de lecture
- Les cartes-images boxe, galaxie, index, klaxon, taxi, texte

3 Lire des mots-outils

Procéder de la manière habituelle.

Matériel
Les cartes-mots de mots à réviser : dans, Une, sur, est

4 S'entrainer à lire plusieurs fois chaque mot

Apparier un mot écrit à son image

Procéder de la manière habituelle avec les cartes-mots boxe, galaxie, index, klaxon, taxi, texte, éléphant, ticket.

Mettre des mots dans une phrase orale

Procéder de la manière habituelle avec les cartes-mots exploser, exploit, explorer, extraordinaire, expérience, excellent, fixer, mixer, vexer, extérieur, exact, excité, expliquer, excuser, exemple, exercice, exagérer, incroyable, guidait.

Trier des (groupes de) mots selon qu'il s'agit de verbes ou de groupes nominaux masculin ou féminin

Prendre les cartes avec les groupes nominaux et les verbes exploser, explorer, expliquer, guidait et procéder de la manière habituelle (*cf.* p. 130).

Matériel
- Les cartes-mots de la CGP x du livret de lecture ainsi que quelques mots des leçons précédentes, p.e. éléphant, ticket, incroyable, guidait
- Les mêmes cartes-images que ci-dessus ainsi que les cartes-images des mots supplémentaires (p.e. éléphant, ticket)
- Les cartes-mots dans, Une, sur, est
- Les cartes Verbe, Nom, Masculin, Féminin, Adjectif
- Les cartes avec les groupes nominaux des CGP gn, y, k, ph et x du livret de lecture

5 Lire un texte

Procéder de la manière habituelle.

Matériel
La carte-texte :
Le premier voyage sur la Lune

Création de phrases

Procéder de la manière habituelle, par exemple avec la phrase : Le taxi utilise son klaxon.

Matériel
Les cartes-mots de la leçon et quelques cartes-mots de leçons précédentes et/ou un stylo

S'entrainer à lire des textes fluidement

Procéder de la manière habituelle.

Encodage

1 Répétition optionnelle des prérequis à l'encodage

Procéder si nécessaire de la manière habituelle avec des lettres mobiles (dont le x) et des cartes-images de mots contenant la CGP x à allonger.

2 Enseignement de la procédure d'encodage

Procéder de la manière habituelle avec les mots du livret de lecture.

Matériel
- Les lettres/groupes mobiles des CGP vues jusque-là et une carte-flèche par élève
- Les lettres mobiles grises pour l'enseignant
- Les cartes-images boxe, galaxie, index, klaxon, taxi, texte

3 Écriture manuscrite dans le cahier

Procéder de la manière habituelle avec la phrase suivante pour la dictée :
Le kangourou est fort en boxe.

Matériel
Un cahier d'écriture et un crayon par élève

4 Évaluation formative

Procéder de la manière habituelle.

Matériel
Les cartes-mots taxi, boxe, texte, exploser, galaxie, klaxon, expliquer, exercice (et trois autres cartes-mots si nécessaire)

Révision – fin de module 12

1 Identification de mots

Apparier un mot écrit à son image (pour les mots imageables)

Prendre environ 15 cartes-mots et les 15 cartes-images correspondantes, et procéder de la manière habituelle.

Mettre des mots dans une phrase orale

Prendre environ 15 cartes-mots de mots pas/peu imageables et procéder de la manière habituelle.

Trier des (groupes de) mots selon qu'il s'agit de verbes ou de groupes nominaux masculin ou féminin

Prendre les cartes avec les groupes nominaux et les cartes-mots d'environ 10 verbes et procéder de la manière habituelle (*cf.* p. 130).

2 Lecture de phrases et de textes

Lire des textes et répondre à des questions

Prendre environ 6 cartes-textes. Les faire lire aux élèves, les relire fluidement et poser des questions en fonction du texte lu.

S'entrainer à lire des textes fluidement

Demander aux élèves de relire deux ou trois fois un même texte, en leur fournissant un feedback à chaque lecture, selon la procédure habituelle.

Créer des phrases avec des mots

Créer des phrases avec des cartes-mots et les faire lire aux élèves.

3 Révision du fonctionnement de certaines CGP

Rappeler aux élèves dans quels cas le c fait /k/ puis leur donner les mots à lire (*cf.* p. 99).

Rappeler aux élèves dans quels cas le c fait /s/ puis leur donner les mots à lire (*cf.* p. 100).

Rappeler aux élèves que dans certains mots il y a un c qui fait /k/ et un c qui fait /s/, puis leur donner les mots à lire (*cf.* p. 101).

Matériel
- La carte résumant le fonctionnement des CGP c et ç
- Les cartes-mots du livret de lecture avec la CGP c faisant /k/
- Les cartes-images café, clé, collier, costume, sac
- Les cartes-mots du livret de lecture avec la CGP c faisant /s/
- Les cartes-images balançoire, ciel, citron, scène
- Les cartes-mots concentré, vacances, commence

module 13

Les graphèmes « ain-aim-ein », « oin », « ien », « un »

plan du module

Les graphèmes « ain-aim-ein »
Le graphème « oin »
Le graphème « ien »
Le graphème « un »

matériel

matériel collectif

- Les pages-graphèmes ain-Ain-aim-ein, oin, ien, un
- Le livret de lecture
- Des cartes pour les activités de tri
- Des cartes-images
- Des cartes-flèches
- Des pièces de LEGO®

matériel individuel par élève

- Des modèles de lettres ain-Ain-aim-ein, oin, ien, un en gris
- Un feutre effaçable
- Un crayon ou stylo
- Un cahier d'écriture

À ce point de la méthode, la grande majorité des CGP a été étudiée. Les modules restants portent sur les CGP ain-aim-ain, oin, ien, un (***module 13***) ; ill, ail, eil, euil, ouil (***module 14***) ; ainsi que tion, tien, w et h (***module 15***). Les utilisateurs trouveront encore à la suite de ces modules une liste de mots irréguliers. À ce stade, il est probable que les élèves soient capables de lire des phrases ou des textes ne provenant pas de la méthode ***Décodi***, et il est possible qu'ils connaissent déjà les CGP restantes (soit qu'ils les aient mémorisées autrement, soit qu'ils en aient déduit les phonèmes correspondants par auto-apprentissage).

Pour ces dernières CGP, les activités destinées à la connaissance des CGP sont les mêmes que dans les leçons précédentes (introduction des CGP, conscience phonologique, geste d'écriture). Suivent les activités de décodage sur les mots et des phrases, activités dans lesquelles sont également insérées de nouvelles notions grammaticales (singulier-pluriel, terminaison des verbes). Étant donné que certaines des CGP restantes sont assez rares, un texte est proposé à la fin de chacun de ces derniers modules, contenant les différentes CGP abordées dans le module.

Les graphèmes « ain-aim-ein »

Introduire les CGP

1 Introduction des graphèmes « ain-aim-ein »

Montrer la page-graphème aux élèves : Ces groupes de lettres font tous le son /in/. Ces lettres se lisent ensemble, comme si elles se mélangeait (les entourer successivement), c'est pour ça qu'elles sont écrites en violet. Le son /in/ s'écrit ain dans main, aim dans faim et ein dans ceinture (montrer les graphèmes et les images successivement).

Matériel
La page-graphème ain-Ain-aim-ein

2 Tâche de conscience phonémique : localisation du phonème

Procéder de la manière habituelle.

Matériel
- Les cartes-images bain, ceinture, humain, main, pain, peinture, poulain, train, chemise, orque, taxi
- Une carte-flèche

3 Apprentissage du geste d'écriture avec le doigt puis avec un crayon

Procéder de la manière habituelle.

Matériel
- La page-graphème ain-Ain-aim-ein
- Les modèles des lettres ain-aim-ein en gris par élève

4 Calligraphie

Procéder de la manière habituelle.

Matériel
Même matériel que pour l'activité ci-dessus + un feutre effaçable, un crayon, un cahier par élève

5 Évaluation formative

Procéder de la manière habituelle.

Matériel
Les cartes-lettres ain, Ain, aim, ein (et trois autres cartes-lettres si nécessaire)

Décodage

1 Répétition optionnelle des CGP ain-aim-ein (avec le dé)

2 Décodage

Donner les mots à lire aux élèves et mettre en évidence le sens des mots selon la procédure habituelle.

Matériel
- Les cartes-mots des CGP ain-aim-ein du livret de lecture
- Les cartes-images bain, ceinture, humain, main, pain, peinture, poulain, train

3 Lire des mots-outils

Procéder de la manière habituelle.

Matériel
Les cartes-mots de mots à réviser : ne, qui, aussi, Sa, se

4 S'entrainer à lire plusieurs fois chaque mot

Apparier un mot écrit à son image

Procéder de la manière habituelle avec les cartes-mots bain, ceinture, humain, main, pain, peinture, poulain, train, boxe.

Mettre des mots dans une phrase orale

Procéder de la manière habituelle avec les cartes-mots vilain, copain, certain, grain, faim, ainsi, craintif, soudain, peindre, peintre, éteindre, plaindre, maintenant, frein, rein, demain, humain, terrain, plein, atteindre, joyeux, soigner, ne, qui, aussi, Sa, se.

Trier des (groupes de) mots selon qu'il s'agit de verbes ou de groupes nominaux singulier ou pluriel

• Placer les cartes Verbe, Nom, Adjectif, Singulier et Pluriel comme indiqué en bas de page. Prendre les cartes avec les groupes nominaux, montrer Un gentil copain aux élèves et expliquer : On va de nouveau trier des cartes mais cette fois on va dire si les mots sont au singulier ou au pluriel (montrer les cartes singulier et pluriel). Singulier (montrer la carte singulier), ça veut dire qu'il y a une seule chose. Par exemple, ici on a un gentil copain (pointer les mots successivement). Il y a un gentil copain (insister légèrement sur le un), alors c'est un groupe au singulier. Mettre la carte Un gentil copain sous la carte singulier. Prendre la carte Une belle peinture : ici on a une belle peinture (pointer les mots successivement). Il y a une belle peinture (insister légèrement sur le une), alors c'est aussi un groupe au singulier. Mettre la carte Une belle peinture sous la carte singulier. Pluriel (montrer la carte pluriel), ça veut dire qu'il y a plusieurs choses. Prendre la carte Des gentils copains : Par exemple, ici on a Des gentils copains (pointer les mots successivement). Il y a plusieurs gentils copains (insister légèrement sur plusieurs), alors c'est un groupe au pluriel. Mettre la carte Des gentils copains sous la carte pluriel. Vous voyez, dans des gentils copains il y a des s à la fin des mots (montrer les s à la fin de gentils et de copains). Au singulier, il n'y a pas de s à la fin des mots (montrer les fins de gentil et de copain). En général, quand les noms et les adjectifs sont au pluriel, ils ont un s à la fin. Ces sont des s qui ne font pas de son, c'est pour ça qu'ils sont écrits en gris ici.

• Prendre la carte Des belles peintures, la lire et demander aux élèves de dire si c'est un groupe au singulier ou au pluriel en étayant avec des questions : Est-ce qu'il y a une belle peinture ou plusieurs belles peintures ? Alors, c'est au singulier ou au pluriel ?

• Donner les autres cartes avec des groupes nominaux aux élèves ainsi que les cartes peindre, éteindre, soigner et leur dire : On va continuer à trier ces cartes. Attention, il y a aussi des verbes. Fournir l'étayage nécessaire et utiliser la procédure de feedback.

• Rendre les élèves attentifs aux s à la fin des noms et des adjectifs au pluriel et souligner qu'ils ne font pas de son.

Verbe | Nom | Adjectif

Singulier

Pluriel

Matériel

- Les cartes-mots des CGP ain-aim-ein du livret de lecture ainsi que quelques mots des leçons précédentes, p.e. boxe, joyeux, soigner
- Les mêmes cartes-images que ci-dessus ainsi que les cartes-images des mots supplémentaires (p.e. boxe)
- Les cartes-mots ne, qui, aussi, Sa, se
- Les cartes Verbe, Nom, Adjectif, Singulier, Pluriel
- Les cartes avec les groupes nominaux du livret de lecture

Feedback

5 Création de phrases

Matériel
Un stylo et une feuille

- Écrire une phrase que les élèves sont censés pouvoir lire à ce stade, par exemple : Les peintres sont habiles de leurs mains.

- La faire lire aux élèves et les interroger sur la classe grammaticale de quelques mots et sur leur nombre (singulier ou pluriel). Par exemple :
  - Peintre, c'est un nom ou un verbe ? On dit un peintre ou je peintre ?
  - C'est un nom au singulier ou au pluriel ? Il y a un peintre ou plusieurs peintres ?
  - Mains, c'est un nom ou un verbe ? On dit une main ou je main ?
  - C'est un nom au singulier ou au pluriel ? Il y a une main ou plusieurs mains ?

- Continuer avec d'autres phrases et garder la trace des phrases créées pour la leçon de révision de fin de module.

Encodage

1 Répétition optionnelle des prérequis à l'encodage

Procéder si nécessaire de la manière habituelle avec des lettres mobiles (dont les ain-aim-ein) et des cartes-images de mots contenant les CGP ain-aim-ein à allonger.

2 Enseignement de la procédure d'encodage

Matériel
- Les lettres/groupes mobiles des CGP vues jusque-là et une carte-flèche par élève
- Les lettres mobiles grises pour l'enseignant
- Les cartes-images bain, ceinture, humain, main, pain, peinture, poulain, train

Procéder de la manière habituelle avec les mots du livret de lecture.

3 Écriture manuscrite dans le cahier

Matériel
Un cahier d'écriture et un crayon par élève

Procéder de la manière habituelle avec la phrase suivante pour la dictée : Ce pain me donne faim.

4 Évaluation formative

Matériel
Les cartes-mots bain, main, demain, train, peintre, ceinture, éteindre, faim (et trois autres cartes-mots si nécessaire)

Procéder de la manière habituelle.

Introduire la CGP

1 Introduction du graphème « oin » - phonème /oin/

Montrer la page-graphème aux élèves : Ce groupe de lettres fait le son /oin/. Ces lettres se lisent ensemble, comme si elles se mélangeait (les entourer), c'est pour ça qu'elles sont écrites en violet. On entend /oin/ dans foin ou shampoing (montrer les images successivement).

Matériel
La page-graphème oin

2 Tâche de conscience phonémique : localisation du phonème

Procéder de la manière habituelle.

Matériel
- Les cartes-images coin, foin, groin, pointe, poing, shampoing, cheval, kiosque, éléphant, robinet
- Une carte-flèche

3 Apprentissage du geste d'écriture avec le doigt sur le modèle en gris

Procéder de la manière habituelle.

Matériel
- La page-graphème oin
- Le modèle des lettres oin en gris par élève

4 Calligraphie

Procéder de la manière habituelle.

Matériel
Même matériel que pour l'activité ci-dessus + un feutre effaçable, un crayon, un cahier par élève

5 Évaluation formative

Procéder de la manière habituelle.

Matériel
La carte-lettre oin (et trois autres cartes-lettres si nécessaire)

Décodage

1 Répétition optionnelle de la CGP oin (avec le dé)

2 Décodage

Donner les mots à lire aux élèves et mettre en évidence le sens des mots selon la procédure habituelle.

Matériel
- Les cartes-mots de la CGP oin du livret de lecture
- Les cartes-images coin, foin, groin, pointe, poing, shampoing

3 Lire des mots-outils

Procéder de la manière habituelle.

Matériel
Les cartes-mots de mots à réviser : sous, Elles, y, avec, on

4 S'entrainer à lire plusieurs fois chaque mot

Apparier un mot écrit à son image

Procéder de la manière habituelle avec les cartes-mots coin, foin, groin, pointe, poing, shampoing, dauphin.

Mettre des mots dans une phrase orale

Procéder de la manière habituelle avec les cartes-mots pointu, besoin, loin, soin, moins, rejoindre, témoin, point, coincé, expliquer, vieux, sous, Elles, y, avec, on.

Trier des (groupes de) mots selon qu'il s'agit de verbes ou de groupes nominaux singulier ou pluriel

• Placer les cartes Verbe, Nom, Adjectif, Singulier et Pluriel comme indiqué ci-dessous. Prendre les cartes avec les groupes nominaux, montrer Un shampoing colorant aux élèves et expliquer : On va de nouveau trier des cartes et dire si les mots sont au singulier ou au pluriel (montrer les cartes singulier et pluriel). Vous vous souvenez, singulier (montrer la carte singulier), ça veut dire qu'il y a une seule chose, et pluriel (montrer la carte pluriel), ça veut dire qu'il y a plusieurs choses. Par exemple, ici on a un shampoing colorant (pointer les mots successivement). Il y a un shampoing colorant (insister légèrement sur le un), alors c'est un groupe au singulier. Mettre la carte Un shampoing colorant sous la carte singulier.

• Prendre la carte Des shampoings colorants, la lire et demander aux élèves de dire si c'est un groupe au singulier ou au pluriel en étayant avec des questions : Est-ce qu'il y a un shampoing ou plusieurs shampoing ? Alors, c'est au singulier ou au pluriel ? Mettre la carte Des shampoings colorants sous la carte pluriel. Vous vous souvenez, en général, quand les noms et les adjectifs sont au pluriel, ils ont un s à la fin (montrer les s à la fin de shampoings et de colorants). Ces sont des s qui ne font pas de son, c'est pour ça qu'ils sont écrits en gris ici.

• Donner les autres cartes avec des groupes nominaux aux élèves ainsi que les cartes rejoindre et expliquer et leur dire : On va continuer à trier ces cartes. Attention, il y a aussi des verbes. Fournir l'étayage nécessaire et utiliser la procédure de feedback.

• Rendre les élèves attentifs aux s à la fin des noms et des adjectifs au pluriel et souligner qu'ils ne font pas de son.

Verbe	Nom	Adjectif
	Masculin	
	Féminin	

Matériel
- Les cartes-mots de la CGP oin du livret de lecture ainsi que quelques mots des leçons précédentes, p.e. dauphin, expliquer, vieux
- Les mêmes cartes-images que ci-dessus ainsi que les cartes-images des mots supplémentaires (p.e. dauphin)
- Les cartes-mots sous, Elles, y, avec, on
- Les cartes Verbe, Nom, Adjectif, Singulier, Pluriel
- Les cartes avec les groupes nominaux des CGP ain-aim-ein et oin du livret de lecture

Feedback

5 Création de phrases

• Écrire une phrase que les élèves sont censés pouvoir lire à ce stade, par exemple : Les phrases ont un point à la fin.

Matériel
Un stylo et une feuille

- La faire lire aux élèves et les interroger sur la classe grammaticale de quelques mots et sur leur nombre (singulier ou pluriel). Par exemple :
  – Phrase, c'est un nom ou un verbe ? On dit une phrase ou je phrase ?
  – C'est un nom au singulier ou au pluriel ? Il y a une phrase ou plusieurs phrases ?
  – Point, c'est un nom ou un verbe ? On dit un point ou je point ?
  – C'est un nom au singulier ou au pluriel ? Il y a un point ou plusieurs points ?
- Continuer avec d'autres phrases et garder la trace des phrases créées pour la leçon de révision de fin de module.

Encodage

1 Répétition optionnelle des prérequis à l'encodage

Procéder si nécessaire de la manière habituelle avec des lettres mobiles (dont le oin) et des cartes-images de mots contenant la CGP oin à allonger.

Matériel
- Les lettres/groupes mobiles des CGP vues jusque-là et une carte-flèche par élève
- Les lettres mobiles grises pour l'enseignant
- Les cartes-images coin, foin, groin, pointe, poing, shampoing

2 Enseignement de la procédure d'encodage

Procéder de la manière habituelle avec les mots du livret de lecture.

Matériel
Un cahier d'écriture et un crayon par élève

3 Écriture manuscrite dans le cahier

Procéder de la manière habituelle avec la phrase suivante pour la dictée :
Le crayon est pointu.

Matériel
Les cartes-mots coin, foin, pointu, shampoing, besoin, loin, moins, coincé (et trois autres cartes-mots si nécessaire)

4 Évaluation formative

Procéder de la manière habituelle.

Le graphème « ien »

Introduire la CGP

1 Introduction de la correspondance graphème « ien » - phonème /ien/

- Demander aux élèves quel son on entend à la fin des mots.
- Prendre la page-graphème ien : /ien/ s'écrit avec les lettres ien (montrer le graphème). Ces lettres se lisent ensemble, comme si elles se mélangeaient (les entourer), c'est pour ça qu'elles sont écrites en violet. On entend /ien/ dans chien ou dans magicien (montrer les images).

Matériel
- Trois cartes-images de mots finissant par ien : chien, magicien, mécanicien
- La page-graphème ien

2 Tâche de conscience phonémique : localisation du phonème

Procéder de la manière habituelle.

Matériel
- Les cartes-images chien, magicien, mécanicien, brosse, farine, tablier
- Une carte-flèche

3 Apprentissage du geste d'écriture avec le doigt sur le modèle en gris

Procéder de la manière habituelle.

Matériel
- La page-graphème ien
- Le modèle des lettres ien en gris par élève

4 Calligraphie

Procéder de la manière habituelle.

Matériel
Même matériel que pour l'activité ci-dessus + un feutre effaçable, un crayon, un cahier par élève

5 Évaluation formative

Procéder de la manière habituelle.

Matériel
La carte-lettre ien (et trois autres cartes-lettres si nécessaire)

Décodage

1 Répétition optionnelle de la CGP ien (avec le dé)

2 Décodage

Donner les mots à lire aux élèves et mettre en évidence le sens des mots selon la procédure habituelle.

Matériel
- Les cartes-mots de la CGP ien du livret de lecture
- Les cartes-images chien, Indien, magicien, mécanicien

3 Lire des mots-outils

Procéder de la manière habituelle.

Matériel
Les cartes-mots de mots à réviser : le, et, C'est, de, que

4 S'entrainer à lire plusieurs fois chaque mot

Apparier un mot écrit à son image

Procéder de la manière habituelle avec les cartes-mots chien, Indien, magicien, mécanicien, galaxie, chimpanzé, jardin.

Mettre des mots dans une phrase orale

Procéder de la manière habituelle avec les cartes-mots bien, rien, vient, Italien, ancien, mien, sien, lien, tien, musicien, bienvenu, combien, bientôt, végétarien, quotidien, gardien, prévient, appartient, soutient, souvient, revient, laver, petit, le, et, C'est, de, que.

Trier des (groupes de) mots selon qu'il s'agit de verbes ou de groupes nominaux singulier ou pluriel

- Placer les cartes Verbe, Nom, Adjectif, Singulier et Pluriel comme indiqué en page 144 et prendre les cartes avec les groupes nominaux. Modeler avec la carte Le chien noir et Les chiens noirs, en commentant la présence de s qui ne font pas de son au pluriel.

- Donner les autres cartes avec des groupes nominaux aux élèves ainsi que les cartes vient, laver et souvient. Demander aux élèves de trier les cartes en leur fournissant l'étayage nécessaire.

Matériel
- Les cartes-mots de la CGP ien du livret de lecture ainsi que quelques mots des leçons précédentes, p.e. chimpanzé, galaxie, jardin, laver, petit
- Les mêmes cartes-images que ci-dessus ainsi que les cartes-images des mots supplémentaires (p.e. chimpanzé, galaxie, jardin)
- Les cartes-mots le, et, C'est, de, que
- Les cartes Verbe, Nom, Masculin, Adjectif, Singulier, Pluriel
- Les cartes avec les groupes nominaux des CGP ain-aim-ein, oin et ien du livret de lecture

5 Création de phrases

- Écrire une phrase que les élèves sont censés pouvoir lire à ce stade, par exemple : Trois chiens jouent dans le jardin.

- La faire lire aux élèves et les interroger sur la classe grammaticale de quelques mots et sur leur nombre (singulier ou pluriel). Par exemple :
  – Chien, c'est un nom ou un verbe ? On dit un chien ou je chien ?
  – C'est un nom au singulier ou au pluriel ? Il y a un chien ou plusieurs chiens ?
  – Jouent, c'est un nom ou un verbe ? On dit je joue ou un joue ?

- Continuer avec d'autres phrases et garder la trace des phrases créées pour la leçon de révision de fin de module.

Matériel
Un stylo et une feuille

Encodage

1 Répétition optionnelle des prérequis à l'encodage

Procéder si nécessaire de la manière habituelle avec des lettres mobiles (dont le ien) et des cartes-images de mots contenant la CGP ien à allonger.

2 Enseignement de la procédure d'encodage

Procéder de la manière habituelle avec les mots du livret de lecture.

Matériel
- Les lettres/groupes mobiles des CGP vues jusque-là et une carte-flèche par élève
- Les lettres mobiles grises pour l'enseignant
- Les cartes-images chien, Indien, magicien, mécanicien

3 Écriture manuscrite dans le cahier

Procéder de la manière habituelle avec la phrase suivante pour la dictée : Il aime manger italien.

Matériel
Un cahier d'écriture et un crayon par élève

4 Évaluation formative

Procéder de la manière habituelle.

Matériel
Les cartes-mots chien, Indien, bien, rien, vient, Italien, bienvenu, bientôt (et trois autres cartes-mots si nécessaire)

Le graphème « un »

Introduire la CGP

1 Introduction de la correspondance graphème « un » - phonème /un/

Matériel
La page-graphème un

• Prendre la page-graphème un : Vous savez déjà lire « un », comme un garçon ou un ballon (insister légèrement sur les « un »). Ce sont les lettres u et n qui font le son /un/ (pointer les lettres successivement). Elles se lisent ensemble, comme si elles se mélangeaient (les entourer), c'est pour ça qu'elles sont écrites en violet ici. Il y a quelques autres mots dans lesquels le /un/ s'écrit avec un, par exemple jungle ou brun (montrer les images).

• Ne pas insister sur la différence entre /in/ et /un/ qui, lorsqu'elle est faite, est très ténue.

La tâche de conscience phonémique n'est pas proposée ici car il y a très peu de mots imageables contenant la CGP un.

2 Apprentissage du geste d'écriture avec le doigt sur le modèle en gris

Matériel
- La page-graphème un
- Le modèle des lettres un en gris par élève

Procéder de la manière habituelle.

3 Calligraphie

Matériel
Même matériel que pour l'activité ci-dessus + un feutre effaçable, un crayon, un cahier par élève

Procéder de la manière habituelle.

4 Évaluation formative

Matériel
La carte-lettre un (et trois autres cartes-lettres si nécessaire)

Procéder de la manière habituelle.

Décodage

1 Répétition optionnelle de la CGP un (avec le dé)

2 Décodage

Matériel
- Les cartes-mots de la CGP un du livret de lecture
- Les cartes-images brun, jungle

Procéder de la manière habituelle pour le premier décodage de chaque mot.

3 S'entrainer à lire plusieurs fois chaque mot

Apparier un mot écrit à son image ou le mettre dans une phrase orale

Étant donné le peu de mots contenant la CGP un, il est conseillé de mélanger les quelques mots de cette leçon, de les apparier à leur image lorsqu'il y en a une (jungle, brun + balançoire, chameau, fraise) et de les mettre dans une phrase lorsqu'il n'y en a pas (lundi, chacun, aucun, quelqu'un + malin, retrouve, tourner).

Trier des (groupes de) mots selon qu'il s'agit de verbes ou de groupes nominaux singulier ou pluriel

Prendre les cartes avec les groupes nominaux et les verbes retrouve et tourner, et procéder de la manière habituelle (*cf.* p. 144).

Matériel
- Les cartes-mots de la CGP un du livret de lecture ainsi que quelques mots des leçons précédentes, p.e. malin, chameau, balançoire, fraise, retrouve, tourner
- Les mêmes cartes-images que ci-dessus ainsi que les cartes-images des mots supplémentaires (p.e. balançoire, chameau, fraise)
- Les cartes Verbe, Nom, Masculin, Adjectif, Singulier, Pluriel
- Les cartes avec les groupes nominaux des CGP ain-aim-ein, oin, ien et un du livret de lecture

4 Création de phrases

Procéder comme indiqué en page 150, par exemple avec la phrase : Des animaux dangereux vivent dans la jungle.

Matériel
Un stylo et une feuille

Encodage

1 Répétition optionnelle des prérequis à l'encodage

Procéder si nécessaire de la manière habituelle avec des lettres mobiles (dont le un) et les deux cartes-images de mots contenant la CGP un à allonger.

2 Enseignement de la procédure d'encodage

Procéder de la manière habituelle avec les mots du livret de lecture.

Matériel
- Les lettres/groupes mobiles des CGP vues jusque-là et une carte-flèche par élève
- Les lettres mobiles grises pour l'enseignant
- Les cartes-images brun, jungle

3 Écriture manuscrite dans le cahier

Procéder de la manière habituelle avec la phrase suivante pour la dictée : L'ours brun ne vit pas dans la jungle.

Matériel
Un cahier d'écriture et un crayon par élève

4 Évaluation formative

Procéder de la manière habituelle.

Matériel
Les cartes-mots jungle, lundi, brun, chacun, aucun, quelqu'un (et trois autres cartes-mots si nécessaire)

Lecture du texte de fin de module

Matériel La carte-texte : Léonard de Vinci

1 Lire et comprendre un texte

Donner par exemple une partie du texte à lire à chaque élève en les aidant selon leurs besoins, puis leur poser des questions de compréhension.

2 S'entrainer à lire un texte fluidement

Procéder de la manière habituelle, par exemple en donnant à relire une partie du texte à chaque élève.

Révision – fin de module 13

1 Précisions sur le fonctionnement de certaines CGP

Matériel Les cartes-mots de la leçon de révision du module 13 du livret de lecture

- Prendre les cartes-mots graine, pleine, chienne, brune et freiner, et expliquer : Parfois, les lettres ain, ein, oin, ien et un se suivent mais elles ne font pas /in/, /oin/, /ien/ ou /un/ ; elles ne se lisent pas toutes ensemble. C'est souvent quand les mots sont au féminin et que ces lettres sont suivies d'un e ou d'un deuxième n (montrer graine, pleine, chienne, brune) ou quand ces lettres sont suivies d'une voyelle (montrer freiner).

- Montrer la carte-mot graine : Par exemple, dans ce mot, il y a un e après a-i-n (le montrer). Du coup, a et i se lisent ensemble (les montrer), elles font le son /è/, mais le n (le montrer) se lit en plus : /graine/ (lire le mot lentement, en suivant sous les lettres avec le doigt). Montrer la carte-mot pleine : dans ce mot, il y a un e après e-i-n (le montrer). Du coup, e et i se lisent ensemble (les montrer), elles font le sons /è/, mais le n (le montrer) se lit en plus : /pleine/ (lire le mot lentement, en suivant sous les lettres avec le doigt).

- On va s'entrainer à lire ces mots, dans lesquels ces groupes de lettres ne font pas /in/, /oin/, /ien/ ou /un/. Donner les cartes-mots à lire aux élèves en leur fournissant l'étayage nécessaire et en utilisant la procédure de feedback.

Matériel Quelques cartes-mots de l'activité ci-dessus ainsi que quelques cartes-mots contenant les CGP ain-aim-ein, oin, ien et un du livret de lecture

- Prendre les cartes-mots plein et pleine et annoncer : Maintenant, on va s'entrainer à lire des mots dans lesquels ces lettres font /in/, /oin/, /ien/ ou /un/, comme par exemple dans plein (montrer la carte) ; ou des mots dans lesquels ces lettres ne font pas ces sons, comme par exemple pleine (montrer la carte). Donner les cartes-mots à lire aux élèves, les laisser les décoder et leur fournir un feedback correctif si nécessaire. Par exemple, si un élève lit /vilain/ pour /vilaine/, lui dire : C'est /vilaine/, parce qu'il y a un e après a-i-n. Les élèves pourront ensuite progressivement intégrer de quelle manière se lisent tels mots (voie d'adressage).

- Ne pas oublier de mettre régulièrement en évidence le sens des mots, en montrant les cartes-images, en donnant des explications ou en mettant les mots dans des phrases.

2 Identification de mots

Apparier un mot écrit à son image (pour les mots imageables)

Prendre environ 15 cartes-mots et les 15 cartes-images correspondantes, et procéder de la manière habituelle.

Mettre des mots dans une phrase orale

Prendre environ 15 cartes-mots de mots pas/peu imageables et procéder de la manière habituelle.

Trier des (groupes de) mots selon qu'il s'agit de verbes ou de groupes nominaux singulier ou pluriel

Prendre les cartes avec les groupes nominaux et les cartes-mots d'environ 10 verbes et procéder comme indiqué en page 144.

3 Lecture de phrases

Faire relire par exemple les phrases ayant été créées pour les différentes CGP du ***module 13***.

4 Lecture de texte

Faire relire le texte Léonard de Vinci, poser des questions de compréhension aux élèves et ré-entrainer la fluence sur celui-ci, par exemple en donnant à relire une partie du texte à chaque élève.

module 14

Les graphèmes « ill », « ail », « eil », « ouil », « euil »

plan du module

Le graphème « ill »
Le graphème « ail »
Le graphème « eil »
Le graphème « ouil »
Le graphème « euil »

matériel

matériel collectif

- Les pages-graphèmes ill, ail-Ail, eil, ouil, euil
- Le livret de lecture
- Des cartes pour les activités de tri
- Des cartes-images
- Des cartes-flèches
- Des pièces de LEGO®

matériel individuel par élève

- Des modèles de lettres ill, ail, eil, ouil, euil en gris
- Un feutre effaçable
- Un crayon ou stylo
- Un cahier d'écriture

Le graphème « ill » en milieu ou en fin de mot

Introduire la CGP

1 Introduction de la correspondance graphème « ill » - phonème /ill/

- Demander aux élèves quel son on entend à la fin des mots.

- Montrer la page-graphème aux élèves : Le son /ill/ s'écrit avec ces lettres, i-l-l (les montrer). En effet, quand ces lettres sont en milieu ou en fin de mot, elles se lisent ensemble, comme si elles se mélangeait (les entourer successivement), c'est pour ça qu'elles sont écrites en violet. On entend le son /ill/ à la fin de fille ou de coquille (montrer les graphèmes et les images successivement).

Matériel
- Les cartes-images des mots fille, chenille, coquille
- La page-graphème ill

2 Tâche de conscience phonémique : localisation du phonème

Procéder de la manière habituelle.

Matériel
- Les cartes-images aiguille, chenille, cheville, coquille, coquillage, cuillère, famille, fille, papillon, jungle, shampoing, téléphone
- Une carte-flèche

3 Apprentissage du geste d'écriture avec le doigt sur le modèle en gris

Procéder de la manière habituelle.

Matériel
- La page-graphème ill
- Le modèle des lettres ill en gris par élève

4 Calligraphie

Procéder de la manière habituelle.

Matériel
Même matériel que pour l'activité ci-dessus + un feutre effaçable, un crayon, un cahier par élève

5 Évaluation formative

Procéder de la manière habituelle.

Matériel
La carte-lettre ill
(et trois autres cartes-lettres si nécessaire)

Décodage

1 Répétition optionnelle des CGP ill (avec le dé)

2 Décodage

Donner les mots à lire aux élèves et mettre en évidence le sens des mots selon la procédure habituelle.

Matériel
- Les cartes-mots de la CGP ill du livret de lecture
- Les cartes-images aiguille, chenille, cheville, coquille, coquillage, cuillère, famille, fille, papillon

3 Lire des mots-outils

Procéder de la manière habituelle pour les mots-outils à réviser et les nouveaux mots-outils à apprendre (p. 15).

Matériel
- Les cartes-mots des mots à réviser : Les, de, qui, ses, leur
- Les cartes-mots des mots à apprendre : Je, te

4 S'entrainer à lire plusieurs fois chaque mot

Apparier un mot écrit à son image

Procéder de la manière habituelle avec les cartes-mots fille, famille, coquille, chenille, papillon, coquillage, cuillère, aiguille, cheville, quille, chien, brun.

Mettre des mots dans une phrase orale

Procéder de la manière habituelle avec les cartes-mots brindille, juillet, habiller, grille, vanille, gentille, brillant, bille, quille, billet, lentille, maquillage, briller, griller, éteindre, Les, de, qui, ses, leur, Je, te.

Trier des groupes de mots selon qu'il s'agit de groupes nominaux ou de groupes verbaux

• Placer les cartes Verbe, Nom, Adjectif, Singulier et Pluriel comme indiqué en page 144. Prendre les cartes avec les groupes nominaux et les groupes verbaux et expliquer : On va de nouveau trier des cartes avec des noms et des adjectifs au singulier ou au pluriel (montrer les cartes Nom, Adjectif, Singulier, Pluriel) ou avec des verbes (montrer la carte Verbe). Vous vous souvenez, singulier (montrer la carte singulier) ça veut dire qu'il y a une seule chose, et pluriel (montrer la carte pluriel) ça veut dire qu'il y a plusieurs choses. Modeler avec la carte Une coquille fragile (*cf.* p. 144). Prendre la carte Tu brilles et expliquer : Maintenant, les verbes qu'on va trier ne sont plus tout seuls, ils sont écrits avec je, tu, il, etc. Par exemple, ici, on a tu brilles, c'est un verbe, on peut dire je brille, tu brilles, il brille, etc. Alors je mets cette carte ici (la mettre sous la carte Verbe). Prendre la carte Je m'habille et expliquer : Ici, on a je m'habille, c'est un verbe, on peut dire je m'habille, tu t'habilles, il s'habille, etc. Alors je mets cette carte ici (la mettre sous la carte Verbe). À la fin des verbes, il y a assez souvent des lettres qui ne font pas de son. Par exemple, ici (montrer le es à la fin de maquilles), on a un e et un s qui ne font pas de son, c'est parce que le verbe est conjugué avec tu, c'est comme ça.

• Mélanger les cartes, les donner à trier aux élèves, et commenter les lettres muettes lorsqu'il y a lieu.

Matériel

- Les cartes-mots de la CGP ill du livret de lecture ainsi que quelques mots des leçons précédentes, p.e. chien, brun, éteindre
- Les mêmes cartes-images que ci-dessus ainsi que les cartes-images des mots supplémentaires (p.e. brun, chien)
- Les cartes-mots Les, de, qui, ses, leur, Je, te
- Les cartes Verbe, Nom, Adjectif, Singulier, Pluriel
- Les cartes avec les groupes nominaux et les groupes verbaux du livret de lecture

5 Création de phrases

• Écrire une phrase que les élèves sont censés pouvoir lire à ce stade, par exemple : Ils aiment ramasser des coquillages.

• La faire lire aux élèves et les interroger sur les aspects grammaticaux de quelques mots. Par exemple :

- Coquillage, c'est un nom ou un verbe ? Est-ce qu'on peut dire un coquillage ?
- C'est un nom au singulier ou au pluriel ? Dans cette phrase on parle d'un coquillage ou de plusieurs coquillages ? Commenter les lettres muettes : Il y a plusieurs coquillages, c'est au pluriel, c'est pour ça qu'il y a un s qui ne fait pas de son à la fin (le montrer).
- Aiment, c'est un nom ou un verbe ? Est-ce qu'on peut dire j'aime, tu aimes, il aime ? Oui, on peut dire j'aime, tu aimes, il aime, c'est un verbe. Commenter les lettres muettes : Ici, on a ils aiment, ils ça peut être par exemple les enfants qui aiment ramasser des coquillages. C'est pour ça qu'il y a des lettres qui ne font pas de son à la fin. Ces trois lettres, -ent (les montrer), ne font pas de son parce que c'est le verbe aimer qui est conjugué avec ils, c'est comme ça.

• Continuer avec d'autres phrases et garder la trace des phrases créées pour la leçon de révision de fin de module.

Matériel
Un stylo et une feuille

Encoding

1 Répétition optionnelle des prérequis à l'encodage

Procéder si nécessaire de la manière habituelle avec des lettres mobiles (dont le ill) et des cartes-images de mots contenant la CGP ill à allonger.

Matériel
- Les lettres/groupes mobiles des CGP vues jusque-là et une carte-flèche par élève
- Les lettres mobiles grises pour l'enseignant
- Les cartes-images aiguille, chenille, cheville, coquille, coquillage, cuillère, famille, fille, papillon, quille

2 Enseignement de la procédure d'encodage

Procéder de la manière habituelle avec les mots du livret de lecture.

3 Écriture manuscrite dans le cahier

Procéder de la manière habituelle avec la phrase suivante pour la dictée :
La chenille devient un papillon.

Matériel
Un cahier d'écriture et un crayon par élève

4 Évaluation formative

Procéder de la manière habituelle.

Matériel
Les cartes-mots fille, famille, papillon, coquille, gentille, habiller, cuillère, brillant (et trois autres cartes-mots si nécessaire)

Le graphème « ail »

Introduire la CGP

1 Introduction du graphème « ail »

Montrer la page-graphème aux élèves : Ce groupe de lettres fait le son /ail/. Ces lettres se lisent ensemble, comme si elles se mélangeait (les entourer), c'est pour ça qu'elles sont écrites en violet. On entend /ail/ à la fin de médaille ou de paille (montrer les images successivement). Quand ail est en début de phrase, ou au début d'un prénom, le a s'écrit en majuscule, comme ça (montrer le Ail majuscule).

Matériel
La page-graphème ail-Ail

2 Tâche de conscience phonémique : localisation du phonème

Procéder de la manière habituelle.

Matériel
- Les cartes-images caillou, corail, médaille, paille, portail, poulailler, dauphin, kangourou, magicien
- Une carte-flèche

3 Apprentissage du geste d'écriture avec le doigt sur le modèle en gris

Procéder de la manière habituelle.

Matériel
- La page-graphème ail-Ail
- Le modèle des lettres ail en gris par élève

4 Calligraphie

Procéder de la manière habituelle.

Matériel
Même matériel que pour l'activité ci-dessus + un feutre effaçable, un crayon, un cahier par élève

5 Évaluation formative

Procéder de la manière habituelle.

Matériel
Les cartes-lettres ail et Ail (et trois autres cartes-lettres si nécessaire)

Décodage

1 Répétition optionnelle de la CGP ail (avec le dé)

2 Décodage

Donner les mots à lire aux élèves et mettre en évidence le sens des mots selon la procédure habituelle.

Matériel
- Les cartes-mots de la CGP ail du livret de lecture
- Les cartes-images ail, caille, caillou, corail, médaille, paille, portail, poulailler

3 Lire des mots-outils

Procéder de la manière habituelle.

Matériel
Les cartes-mots de mots à réviser : le, ce, et, des, de

4 S'entrainer à lire plusieurs fois chaque mot

Apparier un mot écrit à son image

Procéder de la manière habituelle avec les cartes-mots ail, caille, caillou, corail, médaille, paille, portail, poulailler, famille, reine.

Mettre des mots dans une phrase orale

Procéder de la manière habituelle avec les cartes-mots travail, travailler, taille, bataille, maillot, ailleurs, bâiller, écaille, paillette, détail, bétail, d'ailleurs, volaille, loin, le, ce, et, des, de.

Trier des groupes de mots selon qu'il s'agit de groupes nominaux ou de groupes verbaux

• Placer les cartes Verbe, Nom, Adjectif, Singulier et Pluriel comme indiqué en page 144. Prendre les cartes avec les groupes nominaux et les groupes verbaux et expliquer : On va de nouveau trier des cartes avec des noms et des adjectifs au singulier ou au pluriel (montrer les cartes Nom, Adjectif, Singulier, Pluriel) ou avec des verbes (montrer la carte Verbe). Modeler avec un groupe nominal (*cf.* p. 144). Prendre la carte Elles travaillent : Vous vous souvenez, maintenant les verbes qu'on trie ne sont plus tout seuls, ils sont écrits avec je, tu, il, etc. Par exemple, ici, on a Elles travaillent, c'est un verbe, on peut dire je travaille, tu travailles, il travaille, etc. Alors je mets cette carte ici (la mettre sous la carte Verbe). Vous vous souvenez, à la fin des verbes, il y a assez souvent des lettres qui ne font pas de son. Par exemple, ici (montrer le -ent à la fin de travaillent), on a un -ent qui ne fait pas de son, c'est parce que le verbe est conjugué avec ils, c'est comme ça.

• Mélanger les cartes, les donner à trier aux élèves, et commenter les lettres muettes lorsqu'il y a lieu.

Matériel
- Les cartes-mots de la CGP ail du livret de lecture ainsi que quelques mots des leçons précédentes, p.e. famille, loin, reine
- Les mêmes cartes-images que ci-dessus ainsi que les cartes-images des mots supplémentaires (p.e. famille, reine)
- Les cartes-mots le, ce, et, des, de
- Les cartes Verbe, Nom, Adjectif, Singulier, Pluriel
- Les cartes avec les groupes nominaux et les groupes verbaux des CGP ill et ail du livret de lecture

5 Création de phrases

• Écrire une phrase que les élèves sont censés pouvoir lire à ce stade, par exemple : On veut la médaille d'or !

• La faire lire aux élèves et les interroger sur les aspects grammaticaux de quelques mots. Par exemple :

– Médaille, c'est un nom ou un verbe ? Est-ce qu'on peut dire une médaille ?

– C'est un nom au singulier ou au pluriel ? On parle d'une médaille ou de plusieurs médailles ? Commenter les lettres muettes : Il y a une médaille, c'est au singulier, alors il n'y a pas de s à la fin (montrer la fin du mot).

– Veut, c'est un nom ou un verbe ? Est-ce qu'on peut dire je veux, tu veux, il veut ? Oui, on peut dire je veux, tu veux, il veut, c'est un verbe. Commenter les lettres muettes : Ici, on a on veut, c'est pour ça qu'il y a un t qui ne fait pas de son à la fin (le montrer), c'est parce que c'est le verbe vouloir qui est conjugué avec on, c'est comme ça.

• Continuer avec d'autres phrases et garder la trace des phrases créées pour la leçon de révision de fin de module.

Matériel
Un stylo et une feuille

Encoding

1 Répétition optionnelle des prérequis à l'encodage

Procéder si nécessaire de la manière habituelle avec des lettres mobiles (dont le ail) et des cartes-images de mots contenant la CGP ail à allonger.

Matériel
- Les lettres/groupes mobiles des CGP vues jusque-là et une carte-flèche par élève
- Les lettres mobiles grises pour l'enseignant
- Les cartes-images ail, caille, caillou, corail, médaille, paille, portail, poulailler

2 Enseignement de la procédure d'encodage

Procéder de la manière habituelle avec les mots du livret de lecture.

3 Écriture manuscrite dans le cahier

Procéder de la manière habituelle avec la phrase suivante pour la dictée :
Tu travailles bien à l'école.

Matériel
Un cahier d'écriture et un crayon par élève

4 Évaluation formative

Procéder de la manière habituelle.

Matériel
Les cartes-mots travail, caillou, paille, médaille, bataille, maillot, bâiller, ailleurs (et trois autres cartes-mots si nécessaire)

Introduire la CGP

1 Introduction de la correspondance graphème « eil » - phonème /eil/

- Demander aux élèves quel son on entend à la fin des mots.
- Prendre la page-graphème eil : /eil/ s'écrit avec les lettres eil (montrer le graphème). Ces lettres se lisent ensemble, comme si elles se mélangeaient (les entourer), c'est pour ça qu'elles sont écrites en violet. On entend /eil/ à la fin de soleil ou de abeille (montrer les images).

Matériel
- Trois cartes-images de mots finissant par /eil/ : soleil, abeille, bouteille
- La page-graphème eil

2 Tâche de conscience phonémique : localisation du phonème

Procéder de la manière habituelle.

Matériel
- Les cartes-images abeille, bouteille, corbeille, oreille, orteil, réveil, soleil, antilope, banane, chemise
- Une carte-flèche

3 Apprentissage du geste d'écriture avec le doigt sur le modèle en gris

Procéder de la manière habituelle.

Matériel
- La page-graphème eil
- Le modèle des lettres eil en gris par élève

4 Calligraphie

Procéder de la manière habituelle.

Matériel
Même matériel que pour l'activité ci-dessus + un feutre effaçable, un crayon, un cahier par élève

5 Évaluation formative

Procéder de la manière habituelle.

Matériel
La carte-lettre eil
(et trois autres cartes-lettres si nécessaire)

Décodage

1 Répétition optionnelle de la CGP eil (avec le dé)

2 Décodage

Donner les mots à lire aux élèves et mettre en évidence le sens des mots selon la procédure habituelle.

Matériel
- Les mots de la CGP eil du livret de lecture
- Les cartes-images abeille, bouteille, corbeille, corneille, oreille, orteil, réveil, soleil

3 Lire des mots-outils

Procéder de la manière habituelle.

Matériel
Les cartes-mots de mots à réviser : avec, un, en, les, Elle

4 S'entrainer à lire plusieurs fois chaque mot

Apparier un mot écrit à son image

Procéder de la manière habituelle avec les cartes-mots abeille, bouteille, corbeille, corneille, oreille, orteil, réveil, soleil, caillou.

Mettre des mots dans une phrase orale

Procéder de la manière habituelle avec les cartes-mots oreiller, vieillir, vieillesse, vieille, sommeil, réveiller, merveilleux, conseil, conseiller, meilleur, surveiller, appareil, pareil, veiller, briller, lundi, aimable, avec, un, en, les, Elle.

Trier des groupes de mots selon qu'il s'agit de groupes nominaux ou de groupes verbaux

• Placer les cartes Verbe, Nom, Adjectif, Singulier et Pluriel comme indiqué en page 144. Prendre les cartes avec les groupes nominaux et les groupes verbaux. Modeler avec un groupe nominal et un groupe verbal et commenter les lettres finales muettes s'il y a lieu (*cf.* p. 162).

• Mélanger les cartes, les donner à trier aux élèves, fournir l'étayage et les feedbacks nécessaires et commenter les lettres muettes s'il y a lieu.

Matériel
- Les mots de la CGP eil du livret de lecture ainsi que quelques mots des leçons précédentes, p.e. caillou, briller, lundi, aimable
- Les mêmes cartes-images que ci-dessus ainsi que les cartes-images des mots supplémentaires (p.e. caillou)
- Les cartes-mots avec, un, en, les, Elle
- Les cartes Verbe, Nom, Adjectif, Singulier, Pluriel
- Les cartes avec les groupes nominaux et les groupes verbaux des CGP ill, ail et eil du livret de lecture

5 Création de phrases

• Écrire une phrase que les élèves sont censés pouvoir lire à ce stade, par exemple : Les enfants se réveillent souvent tôt.

• La faire lire aux élèves et les interroger sur les aspects grammaticaux de quelques mots. Par exemple :
- Enfant, c'est un nom ou un verbe ? Est-ce qu'on peut dire un enfant ?
- C'est un nom au singulier ou au pluriel ? Dans cette phrase, on parle d'un enfant ou de plusieurs enfants ? Commenter les lettres muettes : On parle de plusieurs enfants, c'est au pluriel, alors il y a un s à la fin qui ne fait pas de son (montrer la fin du mot).
- Se réveillent, c'est un nom ou un verbe ? Est-ce qu'on peut dire je me réveille, tu te réveilles… ? Commenter les lettres muettes : Oui, on peut dire je me réveille, tu te réveilles, il se réveille, c'est un verbe. Ici, on a les enfants se réveillent, c'est pour ça qu'il y a les lettres -ent qui ne font pas de son à la fin (les montrer), c'est parce que c'est le verbe se réveiller qui est conjugué avec les enfants, c'est comme ils.

• Continuer avec d'autres phrases et garder la trace des phrases créées pour la leçon de révision de fin de module.

Matériel
Un stylo et une feuille

Encodage

1 Répétition optionnelle des prérequis à l'encodage

Procéder si nécessaire de la manière habituelle avec des lettres mobiles (dont le eil) et des cartes-images de mots contenant la CGP eil à allonger.

Matériel
- Les lettres/groupes mobiles des CGP vues jusque-là et une carte-flèche par élève
- Les lettres mobiles grises pour l'enseignant
- Les cartes-images abeille, bouteille, corbeille, corneille, oreille, orteil, réveil, soleil

2 Enseignement de la procédure d'encodage

Procéder de la manière habituelle avec les mots du livret de lecture.

3 Écriture manuscrite dans le cahier

Procéder de la manière habituelle avec la phrase suivante pour la dictée :
Le soleil brille dans le ciel.

Matériel
Un cahier d'écriture et un crayon par élève

4 Évaluation formative

Procéder de la manière habituelle.

Matériel
Les cartes-mots soleil, abeille, bouteille, oreille, vieillir, sommeil, réveil, meilleur (et trois autres cartes-mots si nécessaire)

Le graphème « ouil »

Introduire la CGP

1 Introduction de la correspondance graphème « ouil » - phonème /ouil/

- Demander aux élèves quel son on entend à la fin des mots.

- Prendre la page-graphème ouil : /ouil/ s'écrit avec les lettres ouil (montrer le graphème). Ces lettres se lisent ensemble, comme si elles se mélangeaient (les entourer), c'est pour ça qu'elles sont écrites en violet. On entend /ouil/ à la fin de grenouille ou de citrouille (montrer les images).

Matériel
- Trois cartes-images de mots finissant par /ouil/ : grenouille, citrouille, fenouil
- La page-graphème ouil

2 Tâche de conscience phonémique : localisation du phonème

Procéder de la manière habituelle.

Matériel
- Les cartes-images bouillotte, bouilloire, citrouille, fenouil, grenouille, nouilles, balançoire, boucher, lapin
- Une carte-flèche

3 Apprentissage du geste d'écriture avec le doigt sur le modèle en gris

Procéder de la manière habituelle.

Matériel
- La page-graphème ouil
- Le modèle des lettres ouil en gris par élève

4 Calligraphie

Procéder de la manière habituelle.

Matériel
Même matériel que pour l'activité ci-dessus + un feutre effaçable, un crayon, un cahier par élève

5 Évaluation formative

Procéder de la manière habituelle.

Matériel
Le carte-lettre ouil (et trois autres cartes-lettres si nécessaire)

Décodage

1 Répétition optionnelle de la CGP ouil (avec le dé)

2 Décodage

Procéder de la manière habituelle.

Matériel
- Les cartes-mots de la CGP ouil du livret de lecture
- Les cartes-images bouillotte, bouilloire, citrouille, fenouil, grenouille, nouilles

3 Lire des mots-outils

Procéder de la manière habituelle.

Matériel
Les cartes-mots de mots à réviser : leur, mais, dans, ne, sur

4 S'entrainer à lire plusieurs fois chaque mot

Apparier un mot écrit à son image

Procéder de la manière habituelle avec les cartes-mots grenouille, citrouille, nouilles, bouillotte, bouilloire, fenouil, soleil, jungle, ceinture.

Mettre des mots dans une phrase orale

Procéder de la manière habituelle avec les cartes-mots brouillard, chatouiller, mouiller, ratatouille, bouillir, bouillant, trouillard, fouiller, débrouiller, bouillon, bouillie, travailler, gentille, jeune, leur, mais, dans, ne, sur.

Trier des groupes de mots selon qu'il s'agit de groupes nominaux ou de groupes verbaux

- Placer les cartes Verbe, Nom, Adjectif, Singulier et Pluriel comme indiqué en page 144. Prendre les cartes avec les groupes nominaux et les groupes verbaux. Modeler avec un groupe nominal et un groupe verbal et commenter les lettres finales muettes s'il y a lieu (*cf.* p. 162).
- Mélanger les cartes, les donner à trier aux élèves, fournir l'étayage et les feedbacks nécessaires et commenter les lettres muettes s'il y a lieu.

Matériel
- Les cartes-mots de la CGP ouil du livret de lecture ainsi que quelques mots des leçons précédentes, p.e. soleil, travailler, gentille, jungle, ceinture, jeune
- Les mêmes cartes-images que ci-dessus ainsi que les cartes-images des mots supplémentaires (p.e. ceinture, jungle, soleil)
- Les cartes-mots leur, mais, dans, ne, sur
- Les cartes Verbe, Nom, Adjectif, Singulier, Pluriel
- Les cartes avec les groupes nominaux et les groupes verbaux des CGP ill, ail, eil et ouil du livret de lecture

5 Création de phrases

Procéder comme indiqué en page 165, par exemple avec la phrase :
Les grenouilles sautent sous la pluie.

Matériel
Un stylo et une feuille

Encodage

1 Répétition optionnelle des prérequis à l'encodage

Procéder si nécessaire de la manière habituelle avec des lettres mobiles (dont le ouil) et les deux cartes-images de mots contenant la CGP ouil à allonger.

Matériel
- Les lettres/groupes mobiles des CGP vues jusque-là et une carte-flèche par élève
- Les lettres mobiles grises pour l'enseignant
- Les cartes-images bouillotte, bouilloire, citrouille, fenouil, grenouille, nouilles

2 Enseignement de la procédure d'encodage

Procéder de la manière habituelle avec les mots du livret de lecture.

3 Écriture manuscrite dans le cahier

Procéder de la manière habituelle avec la phrase suivante pour la dictée :
La bouillotte me réchauffe.

Matériel
Un cahier d'écriture et un crayon par élève

4 Évaluation formative

Procéder de la manière habituelle.

Matériel
Les cartes-mots grenouille, citrouille, brouillard, mouiller, bouillotte, fenouil, fouiller, nouilles (et trois autres cartes-mots si nécessaire)

Le graphème « euil »

Introduire la CGP

1 Introduction de la correspondance graphème « euil » - phonème /euil/

• Demander aux élèves quel son on entend à la fin des mots.

• Prendre la page-graphème euil : /euil/ s'écrit avec les lettres euil (montrer le graphème). Ces lettres se lisent ensemble, comme si elles se mélangeaient (les entourer), c'est pour ça qu'elles sont écrites en violet. On entend /euil/ à la fin de écureuil ou de feuille (montrer les images).

Matériel
- Trois cartes-images de mots finissant par /euil/ : écureuil, feuille, chevreuil
- La page-graphème euil

2 Tâche de conscience phonémique : localisation du phonème

Procéder de la manière habituelle.

Matériel
- Les cartes-images chevreuil, écureuil, fauteuil, feuille, millefeuille, portefeuille, café, crapaud, fromage
- Une carte-flèche

3 Apprentissage du geste d'écriture avec le doigt sur le modèle en gris

Procéder de la manière habituelle.

Matériel
- La page-graphème euil
- Le modèle des lettres euil en gris par élève

4 Calligraphie

Procéder de la manière habituelle.

Matériel
Même matériel que pour l'activité ci-dessus + un feutre effaçable, un crayon, un cahier par élève

5 Évaluation formative

Procéder de la manière habituelle.

Matériel
La carte-lettre euil
(et trois autres cartes-lettres si nécessaire)

Décodage

1 Répétition optionnelle de la CGP euil (avec le dé)

2 Décodage

Procéder de la manière habituelle.

Matériel
- Les cartes-mots de la CGP euil du livret de lecture
- Les cartes-images chevreuil, écureuil, fauteuil, feuille, millefeuille, portefeuille

3 S'entrainer à lire plusieurs fois chaque mot

Étant donné le nombre limité de mots contenant la CGP euil, il est conseillé de mélanger les quelques mots de cette leçon, de les apparier à leur image lorsqu'il y en a une (chevreuil, écureuil, fauteuil, feuille, millefeuille, portefeuille + orteil, paille) et de les mettre dans une phrase lorsqu'il n'y en a pas (deuil, feuilleter + brouillard, juillet, chacun, incroyable).

Trier des groupes de mots selon qu'il s'agit de groupes nominaux ou de groupes verbaux

- Placer les cartes Verbe, Nom, Adjectif, Singulier et Pluriel comme indiqué en page 144. Prendre les cartes avec les groupes nominaux et les groupes verbaux. Modeler avec un groupe nominal et un groupe verbal et commenter les lettres finales muettes s'il y a lieu (*cf.* p. 162).
- Mélanger les cartes, les donner à trier aux élèves, fournir l'étayage et les feedbacks nécessaires et commenter les lettres muettes s'il y a lieu.

Matériel
- Les cartes-mots de la CGP euil du livret de lecture ainsi que quelques mots des leçons précédentes, p.e. brouillard, orteil, paille, juillet, chacun, incroyable
- Les mêmes cartes-images que ci-dessus ainsi que les cartes-images des mots supplémentaires (p.e. orteil, paille)
- Les cartes Verbe, Nom, Adjectif, Singulier, Pluriel
- Les cartes avec les groupes nominaux et les groupes verbaux des CGP ill, ail, eil, ouil et euil du livret de lecture

4 Création de phrases

Procéder comme indiqué en page 165, par exemple avec la phrase :
Nous observons une famille de chevreuils.

Matériel
Un stylo et une feuille

Encodage

1 Répétition optionnelle des prérequis à l'encodage

Procéder si nécessaire de la manière habituelle avec des lettres mobiles (dont le euil) et les deux cartes-images de mots contenant la CGP euil à allonger.

2 Enseignement de la procédure d'encodage

Procéder de la manière habituelle avec les mots du livret de lecture.

Matériel
- Les lettres/groupes mobiles des CGP vues jusque-là et une carte-flèche par élève
- Les lettres mobiles grises pour l'enseignant
- Les cartes-images chevreuil, écureuil, fauteuil, feuille, millefeuille, portefeuille

3 Écriture manuscrite dans le cahier

Procéder de la manière habituelle avec la phrase suivante pour la dictée :
L'écureuil a peur du chevreuil.

Matériel
Un cahier d'écriture et un crayon par élève

4 Évaluation formative

Procéder de la manière habituelle.

Matériel
Les cartes-mots feuille, fauteuil, écureuil, chevreuil, millefeuille, portefeuille (et trois autres cartes-mots si nécessaire)

Lecture du texte de fin de module

Matériel
La carte-texte : Les abeilles

1 Lire et comprendre un texte

Donner par exemple une partie du texte à lire à chaque élève. Les aider selon leurs besoins, puis leur poser des questions de compréhension.

2 S'entrainer à lire un texte fluidement

Procéder de la manière habituelle, par exemple en donnant à relire une partie du texte à chaque élève.

Révision – fin de module 14

1 Identification de mots

Apparier un mot écrit à son image (pour les mots imageables)

Prendre environ 15 cartes-mots et les 15 cartes-images correspondantes, et procéder de la manière habituelle.

Mettre des mots dans une phrase orale

Prendre environ 15 cartes-mots de mots pas/peu imageables et procéder de la manière habituelle.

Trier des groupes de mots selon qu'il s'agit de groupes nominaux ou de groupes verbaux

Prendre les cartes avec les groupes nominaux et les groupes verbaux du module et procéder comme indiqué en page 162.

2 Lecture de phrases

Faire par exemple relire les phrases ayant été créées pour les différentes CGP du module 14.

3 Lecture de texte

Faire relire le texte Les abeilles, poser des questions de compréhension aux élèves et ré-entrainer la fluence sur celui-ci.

4 Révision du fonctionnement de certaines CGP

- Annoncer aux élèves qu'ils vont se ré-entrainer à lire une lettre qui peut faire deux sons : le s. Montrer la carte résumant le fonctionnement de la CGP s. Vous vous souvenez, le s peut faire /s/ ou /z/. Il fait /z/ quand il est entre deux voyelles, et sinon il fait /s/. On va aussi se ré-entrainer à savoir quelles lettres sont des voyelles et quelles lettres sont des consonnes. Prendre les cartes Voyelle et Consonne et les cartes-lettres, rappeler ce que sont les voyelles et les consonnes (*cf.* p. 36) et demander aux élèves de trier les cartes-lettres.

On va d'abord se ré-entrainer à lire des mots dans lesquels le s est entre deux voyelles et fait /z/. Prendre par exemple le mot bouse et modeler : Ici, le s est entouré de deux voyelles, u et e (les montrer). Alors le s fait /z/. Lire le mot assez lentement en suivant sous les lettres avec le doigt : bouse. Mélanger les cartes-mots contenant un s qui fait /z/ et demander aux élèves de les lire à tour de rôle. Fournir l'étayage nécessaire et utiliser la procédure de feedback.

Maintenant on va se ré-entrainer à lire des mots dans lesquels le s n'est pas entre deux voyelles et fait /s/. Prendre par exemple la carte-mot veste et modeler : Ici, le s est entouré d'une voyelle et d'une consonne, e et t (les montrer). Alors le s fait /s/. Lire le mot assez lentement en suivant sous les lettres avec le doigt : veste. Mélanger les cartes-mots contenant un s qui fait /s/ et demander aux élèves de les lire à tour de rôle. Fournir l'étayage nécessaire et utiliser la procédure de feedback.

- Mélanger ensuite toutes les cartes-mots et demander aux élèves de les lire à tour de rôle, en leur fournissant l'étayage nécessaire et en utilisant la procédure de feedback.

Matériel

- La carte résumant le fonctionnement de la CGP s
- Les cartes Voyelle et Consonne
- Les cartes-lettres a, u, i, o, é et r, b, t, p, n, c
- Les cartes-mots contenant un s qui fait /z/ : usine, bouse, valise, trésor, fusil, fraise, baiser, plaisir, maison, oiseau, plusieurs, creuser, paysage, phrase, exploser, besoin, musicien
- Les cartes-mots contenant un s qui fait /s/ : piste, poste, veste, soupe, sabre, sport, costume, saute, sauvé, mystérieux, consigne, basket, soleil, conseil

module 15

Les graphèmes « tion-tien », « w », « h »

plan du module

Les graphèmes « tion-tien »
Le graphème « w »
Le graphème « h »

matériel

matériel collectif

- Les pages-graphèmes tion-tien, w-W, h-H
- Le livret de lecture
- Des cartes pour les activités de tri
- Des cartes-images
- Des cartes-flèches
- Des pièces de LEGO®

matériel individuel par élève

- Des modèles de lettres tion-tien, w-W, h-H en gris
- Un feutre effaçable
- Un crayon ou stylo
- Un cahier d'écriture

Introduire les CGP

1 Introduction des graphèmes « tion-tien »

Montrer la page-graphème aux élèves : Souvent, quand un mot se termine par tion ou par tien, le t fait le son /s/. Par exemple, les mots attention, émotion ou martien (montrer les images successivement) s'écrivent avec tion ou tien dans lesquels les t se prononcent /s/ (prononcer les mots en insistant légèrement sur le /s/). Ces groupes de lettres sont écrits en violet, parce que c'est quand elles sont ensemble que le t fait le son /s/.

Étant donné que ces suites de lettres correspondent à plusieurs phonèmes, qu'il y a peu de mots imageables les contenant et que les élèves ont déjà appris à écrire ces lettres, les activités de conscience phonémique et de calligraphie ne sont pas proposées ici. L'essentiel pour ces suites de lettres est que les élèves s'entrainent à décoder les mots les contenant.

Matériel
La page-graphème tion-tien

2 Décodage

On va s'entrainer à lire des mots avec les lettres tion à la fin, qui font /sion/. Donner les mots à lire aux élèves en leur fournissant l'étayage nécessaire et en utilisant la procédure de feedback. Ne pas oublier de mettre en évidence le sens des mots selon la procédure habituelle.

Maintenant, on va s'entrainer à lire des mots avec les lettres tien à la fin. Vous vous souvenez, on a déjà appris que les lettres ien font en général /ien/, comme dans chien, Indien ou appartient. Dans plusieurs mots, le t de tien se prononce /s/, comme pour le tion. Alors le /s/ du t et le /ien/ de ien ça fait /sien/, comme dans martien. Il n'y a pas beaucoup de mots avec les lettres tien à la fin qui font /sien/. On va s'entrainer à les lire. Donner les trois cartes-mots (martien, Égyptien, dalmatien) à lire aux élèves en leur fournissant l'étayage nécessaire et en utilisant la procédure de feedback. Ne pas oublier de mettre en évidence le sens des mots selon la procédure habituelle.

Matériel
- Les cartes-mots des CGP tion du livret de lecture
- Les cartes-images attention, émotion

Matériel
- Les cartes-mots des CGP tien du livret de lecture
- Les cartes-images martien, dalmatien

3 S'entrainer à lire plusieurs fois chaque mot

Mélanger les mots de cette leçon. Demander aux élèves de les lire, de les apparier à leur image lorsqu'il y en a une (attention, émotion, martien, dalmatien, fauteuil, oreille, médaille) et de les mettre dans une phrase lorsqu'il n'y en a pas.

Matériel
- Les cartes-mots des CGP tion et tien du livret de lecture ainsi que quelques mots des leçons précédentes, p.e. fauteuil, oreille, médaille
- Les cartes-images attention, émotion, martien, dalmatien, fauteuil, oreille, médaille

4 Analyse de phrases

Prendre la phrase Ces grands enfants préparent une invitation, et annoncer aux élèves : On va s'entrainer à dire si les mots sont des verbes, des noms, des noms au pluriel, etc. à partir de phrases. Demander aux élèves de lire la phrase puis :

Vous vous souvenez, dans une phrase, il y a toujours un verbe. Est-ce que dans cette phrase, vous pouvez trouver le verbe, le mot qu'on peut dire avec je, tu, il... ? Fournir

Matériel
Les phrases à analyser du livret de lecture

l'étayage nécessaire, par exemple : Est-ce que le verbe c'est prépare ? Est-ce qu'on peut dire je prépare, tu prépares, il prépare ? et utiliser la procédure de feedback.

• Les interroger sur la classe grammaticale, le genre et le nombre des noms, par exemple : Invitation, est-ce que c'est un verbe ou un nom ? Étayer davantage si nécessaire : Est-ce qu'on dit je invitation ou une invitation ? et utiliser la procédure de feedback. Leur demander ensuite si ce nom est au masculin ou au féminin (Est-ce qu'on dit une invitation ou un invitation ?) ; au singulier ou au pluriel (Est-ce que dans cette phrase on parle d'une invitation ou de plusieurs invitations ?).

• Leur demander s'il y a des adjectifs qui expliquent comment sont ces noms : Est-ce qu'il y a un mot qui explique comment sont ces enfants ? Puis souligner que si le nom est au pluriel, l'adjectif l'est aussi (montrer les s à la fin des deux mots). Rappeler que les s du pluriel, à la fin des mots, ne font pas de son.

• Montrer le mot préparent et expliquer : Pour savoir quelles lettres il faut mettre à la fin d'un verbe, on doit savoir qui fait l'action. Par exemple, ici, qui prépare une invitation ? Utiliser la procédure de feedback : Ce sont les grands enfants qui préparent une invitation. Les grands enfants préparent c'est comme ils préparent, c'est pour ça qu'il y a ent à la fin (montrer la fin de préparent) ; ces lettres ne font pas de son parce que c'est le verbe préparer qui est conjugué avec ils, c'est comme ça.

• Continuer avec les autres phrases du livret de lecture.

Encodage

1 Répétition optionnelle des prérequis à l'encodage

Rappeler que souvent /sion/ en fin de mot s'écrit tion, comme dans émotion ; et que parfois /sien/ en fin de mot s'écrit tien, comme dans martien.

2 Enseignement de la procédure d'encodage

Préciser aux élèves qu'ils vont s'entrainer à écrire des mots avec tion ou tien et procéder de la manière habituelle avec les mots du livret de lecture.

Matériel
- Les lettres/groupes mobiles des CGP vues jusque-là et une carte-flèche par élève
- Les cartes-images attention, émotion, martien, dalmatien

3 Écriture manuscrite dans le cahier

Procéder de la manière habituelle avec la phrase suivante pour la dictée : Ce garçon a de l'imagination.

Matériel
Un cahier d'écriture et un crayon par élève

4 Évaluation formative

Procéder de la manière habituelle.

Matériel
Les cartes-mots attention, émotion, imagination, invitation, solution, martien (et trois autres cartes-mots si nécessaire)

Le graphème « w »

Introduire la CGP

1 Introduction du graphème « w »

Montrer la page-graphème aux élèves : Maintenant vous connaissez presque toutes les lettres ou groupes de lettres du français ! Il en reste juste encore quelques-unes qu'on ne voit pas très souvent. Par exemple, cette lettre c'est le w. Le w fait souvent le son /w/, comme dans kiwi (montrer l'image) ; elle peut aussi faire le son /v/, comme la lettre v que vous connaissez déjà. Par exemple, le w fait /v/ au début du mot wagon (montrer l'image). Quand le w est en début de phrase, ou au début d'un prénom, il s'écrit en majuscule, comme ça (montrer le W majuscule). C'est le même en plus grand.

Étant donné le peu de mots contenant la lettre w et les deux phonèmes qui lui correspondent, l'activité de conscience phonémique n'est pas proposée ici.

Matériel
La page-graphème w-W

2 Apprentissage du geste d'écriture avec le doigt sur le modèle en gris

Procéder de la manière habituelle. Pour la prononciation du son en même temps que le tracé, faire prononcer le son /w/ (comme dans kiwi), et rappeler que le w peut également faire le son /v/.

Matériel
- La page-graphème w-W
- Le modèle de la lettre w en gris par élève

3 Calligraphie

Procéder de la manière habituelle et selon les indications ci-dessus pour la prononciation du son pendant le tracé.

Matériel
Même matériel que pour l'activité ci-dessus + un feutre effaçable, un crayon, un cahier par élève

4 Décodage

Rappeler que le w peut faire le son /w/ comme dans kiwi, ou /v/ comme dans wagon, et annoncer : Il n'y a pas beaucoup de mots avec le w. On va s'entrainer à les lire. Donner les deux mots à lire aux élèves en leur fournissant l'étayage nécessaire et en utilisant la procédure de feedback. Ne pas oublier de mettre en évidence le sens des mots selon la procédure habituelle.

Matériel
- La page-graphème w-W
- Les cartes-mots wagon et kiwi du livret de lecture
- Les cartes-images wagon, kiwi

5 S'entrainer à lire plusieurs fois chaque mot

Mélanger les mots. Demander aux élèves de les lire et de les apparier

à leur image ou de les mettre dans des phrases.

Matériel
- Les cartes-mots wagon et kiwi du livret de lecture ainsi que quelques mots des leçons précédentes, p.e. émotion, épaule, bougie, lézard, chignon, téléphone
- Les cartes-images wagon, kiwi, émotion, ainsi que les cartes-images des mots supplémentaires (p.e. épaule, bougie, lézard, chignon, téléphone)

6 Analyse de phrases

Prendre la phrase Ces grands wagons transportent des marchandises et annoncer aux élèves : On va s'entrainer à dire si les mots sont des verbes, des noms, des noms au pluriel, etc. à partir de phrases. Demander aux élèves de lire la phrase puis :

Vous vous souvenez, dans une phrase, il y a toujours un verbe. Est-ce que dans cette phrase, vous pouvez trouver le verbe, le mot qu'on peut dire avec je, tu, il... ? Fournir l'étayage nécessaire, par exemple : est-ce que le verbe c'est wagon ? Est-ce qu'on peut dire je wagon, tu wagon, il wagon... ? et utiliser la procédure de feedback.

- Les interroger sur la classe grammaticale, le genre et le nombre des noms : marchandise, est-ce que c'est un verbe ou un nom ? Étayer davantage si nécessaire : Est-ce qu'on dit je marchandise ou une marchandise ? et utiliser la procédure de feedback. Leur demander ensuite si ce nom est au masculin ou au féminin (Est-ce qu'on dit un marchandise ou une marchandise ?) ; au singulier ou au pluriel (Est-ce que dans la phrase on parle d'une marchandise ou de plusieurs marchandises ?).
- Leur demander s'il y a des adjectifs qui expliquent comment sont ces noms : Est-ce qu'il y a un mot qui explique comment sont ces wagons ? Puis souligner que si le nom est au pluriel, l'adjectif l'est aussi (montrer les s à la fin des deux mots). Rappeler que les s du pluriel, à la fin des mots, ne font pas de son.
- Montrer le mot transportent et expliquer : Pour savoir quelles lettres il faut mettre à la fin d'un verbe, on doit savoir qui fait l'action. Par exemple, ici, qui transporte des marchandises ? Utiliser la procédure de feedback : Ce sont les grands wagons qui transportent des marchandises. Les grands wagons transportent c'est comme ils transportent, c'est pour ça qu'il y a ent à la fin (montrer la fin de transportent) ; ces lettres ne font pas de son parce que c'est le verbe transporter qui est conjugué avec ils, c'est comme ça.
- Continuer avec les autres phrases du livret de lecture.

Matériel
Les phrases à analyser des CGP tion/tien et w du livret de lecture

7 Encodage

Demander aux élèves d'écrire les mots wagon et kiwi avec les lettres mobiles et mettre en évidence le sens des mots avec les cartes-images.

Matériel
- Les lettres/groupes mobiles des CGP vues jusque-là et une carte-flèche par élève
- Les cartes-images wagon et kiwi

8 Écriture manuscrite dans le cahier

Procéder de la manière habituelle avec la phrase suivante pour la dictée : Ce train a beaucoup de wagons.

Matériel
Un cahier d'écriture et un crayon par élève

9 Évaluation formative

Procéder de la manière habituelle.

Matériel
Les cartes-mots wagon et kiwi (et deux autres cartes-mots si nécessaire)

Le graphème « h »

Introduire la CGP

1 Introduction du graphème « h »

Aujourd'hui on va apprendre une dernière lettre ! Vous la connaissez car on l'a déjà étudiée avec d'autres lettres. Elle ne fait pas de son quand elle est toute seule mais elle en fait avec deux autres lettres. Est-ce que vous savez de quelle lettre je parle ? C'est la lettre h (montrer la page-graphème h-H) ! Montrer la page-graphème ch-Ch aux élèves : Vous vous souvenez, le h est souvent avec le c, et ensemble ils font le son /ch/, comme on entend au début de chien ou de chat (montrer les images successivement). Le h est aussi de temps en temps avec le p, et ensemble ils font le son /f/, comme on entend au début de phoque ou de photo (montrer les images successivement). Mais la lettre h ne fait pas de son quand elle est toute seule, c'est pour ça qu'elle est souvent écrite en gris (montrer le mot humain). Quand elle est en début de phrase, ou au début d'un prénom, la lettre h s'écrit en majuscule, comme ça (montrer le H majuscule sur la page-graphème).

Étant donné que la lettre h ne fait pas de son, l'activité de conscience phonémique n'est pas proposée.

Matériel
- La page-graphème h-H

- La carte-mot humain
- Les pages-graphèmes ch-Ch et ph-Ph

2 Apprentissage du geste d'écriture avec le doigt sur le modèle en gris

Procéder de la manière habituelle. Préciser aux élèves que comme le h ne fait pas de son quand il est tout seul, il n'y a pas de son à prononcer pendant qu'on écrit la lettre.

Matériel
- La page-graphème h-H
- Les modèles des lettres h-H en gris par élève

3 Calligraphie

Procéder de la manière habituelle et selon les indications ci-dessus pour la prononciation du son pendant le tracé.

Matériel
Même matériel que pour l'activité ci-dessus + un feutre effaçable, un crayon, un cahier par élève

4 Décodage

On va s'entrainer à lire des mots avec un h tout seul. Le h tout seul ne fait pas de son mais on le trouve dans plusieurs mots. Donner les mots à lire aux élèves en leur fournissant l'étayage nécessaire et en utilisant la procédure de feedback. Ne pas oublier de mettre en évidence le sens des mots selon la procédure habituelle.

Matériel
- La page-graphème h-H
- Les cartes-mots du livret de lecture
- Les cartes-images hibou, homme, huile, huit, humain, hurler, labyrinthe, panthère

5 S'entrainer à lire plusieurs fois chaque mot

Mélanger les mots de cette leçon. Demander aux élèves de les lire et de les apparier à leur image ou de les mettre dans des phrases.

Matériel
- Les cartes-mots de la CGP h du livret de lecture ainsi que quelques mots des leçons précédentes, p.e. : wagon, martien, invention
- Les cartes-images humain, homme, huit, panthère, labyrinthe, huile, hibou, hurler ainsi que les cartes-images des mots supplémentaires (p.e. wagon, martien)

6 Analyse de phrases

Prendre la phrase Cet homme raconte de belles histoires, et annoncer aux élèves : On va s'entrainer à dire si les mots sont des verbes, des noms, des noms au pluriel, etc., à partir de phrases. Demander aux élèves de lire la phrase puis (*cf.* p. 174) :

- leur demander de trouver le verbe ;
- les interroger sur la classe grammaticale, le genre et le nombre des noms ;
- leur demander s'il y a des adjectifs qui expliquent comment sont ces noms ;
- leur demander de trouver le sujet du verbe ;
- commenter les lettres finales muettes.

Continuer avec les autres phrases du livret de lecture.

Matériel
Les phrases à analyser des CGP tion/tien, w et h du livret de lecture

Encodage

1 Enseignement de la procédure d'encodage

Procéder de la manière habituelle avec les mots du livret de lecture.

Matériel
- Les lettres/groupes mobiles des CGP vues jusque-là et une carte-flèche par élève
- Les cartes-images humain, homme, huit, panthère, labyrinthe, huile, hibou, hurler

2 Écriture manuscrite dans le cahier

Procéder de la manière habituelle avec la phrase suivante pour la dictée :
Quel bonheur de lire des histoires !

Matériel
Un cahier d'écriture et un crayon par élève

3 Évaluation formative

Procéder de la manière habituelle.

Matériel
Les cartes-mots humain, homme, hibou, histoire, habit, heureux, panthère (et trois autres cartes-mots si nécessaire)

Lecture du texte de fin de module

1 Lire et comprendre un texte

Donner par exemple une partie du texte à lire à chaque élève. Les aider selon leurs besoins, puis leur poser des questions de compréhension.

Matériel
La carte-texte : Les inventions des humains

2 S'entrainer à lire un texte fluidement

Procéder de la manière habituelle, par exemple en donnant à relire une partie du texte à chaque élève.

Révision – fin de module 15

1 Identification de mots

Apparier un mot écrit à son image (pour les mots imageables)

Prendre environ 10 cartes-mots et les 10 cartes-images correspondantes, et procéder de la manière habituelle.

Mettre des mots dans une phrase orale

Prendre environ 10 cartes-mots de mots pas/peu imageables et procéder de la manière habituelle.

Trier des mots en fonction de leur classe grammaticale

Prendre environ 10 cartes-mots de noms et 10 cartes-mots de verbes et procéder de la manière habituelle (*cf.* p. 85).

2 Lecture et analyse de phrases

Faire relire les phrases des CGP tion/tien, w et h du livret de lecture et demander aux élèves de trouver le verbe ; les interroger sur la classe grammaticale, le genre et le nombre des noms ; demander aux élèves s'il y a des adjectifs qui expliquent comment sont ces noms ; leur demander de trouver le sujet du verbe et commenter les lettres finales muettes.

Créer des phrases supplémentaires et procéder de la même manière.

3 Lecture de texte

Faire relire le texte Les invention des humains, poser des questions de compréhension aux élèves et ré-entrainer la fluence sur celui-ci.

4 Révision du fonctionnement de certaines CGP

Selon les besoins des élèves, en cette fin de module et au-delà, le fonctionnement des CGP suivantes peut être révisé :
- CGP g-gu (*cf.* p. 111) ;
- CGP c-ç (*cf.* p. 99) ;
- CGP s (*cf.* p. 38) ;
- CGP e (*cf.* p. 79) ;
- CGP on-om (*cf.* p. 46 et 76) ;
- CGP en-em-an-am (*cf.* p. 61 et 76) ;
- CGP in-im (*cf.* p. 88 et 91) ;
- CGP ain-aim-ein, oin, ien, un (*cf.* p. 154).

Mots irréguliers ou contenant des CGP rares

Les CGP étudiées dans les 15 modules de la méthode ***Décodi*** permettent de lire la majorité des mots en français. En effet, dans cette langue, la plupart des mots peuvent se lire par décodage en suivant des règles de conversion graphèmes-phonèmes. Il y a toutefois certains mots dont la lecture ne suit pas ces règles, comme c'est le cas pour « femme », « monsieur », « j'ai eu », « soixante », « ville », « agenda », « hiver »... Il y a aussi des mots qui contiennent des graphèmes si peu récurrents qu'il vaut mieux simplement apprendre à lire ces mots plutôt qu'une règle de conversion (paon, pied, symbole). Enfin, il y a également certains mots qui ne sont pas à proprement parler irréguliers mais pour lesquels certains graphèmes méritent quelques éclaircissements (par exemple, les cas de figure dominants pour les consonnes finales, les suites de lettres cc, sc ou gg...). Certaines de ces particularités ont été commentées dans les leçons lorsque des mots le requéraient mais dans l'ensemble il a été décidé de ne pas introduire les règles et leurs exceptions simultanément dans la méthode ***Décodi***. Par exemple, au moment où les élèves apprennent que le graphème « ill » fait le son /ill/, les exceptions que sont « ville » et « mille » ne sont pas présentées, afin d'optimiser la mémorisation de la CGP.

L'enseignant trouvera dans la liste ci-après la plupart des cas de figure pour lesquels les règles de conversion ne fonctionnent pas ou ne suffisent pas. Cette liste a été faite grâce à la base de données Manulex Infra (Peereman, Lété & Sprenger-Charolles, 2007). L'enseignant pourra introduire les mots qui lui semblent importants au moment où il le juge opportun. Il s'agira d'expliquer aux élèves que dans ces mots certaines lettres se lisent comme d'habitude mais d'autres pas. L'enseignant pourra soit inciter les élèves à retenir la suite de lettres correspondant à telle forme orale (comme pour les mots-outils), soit laisser les élèves décoder tel mot comme ils le peuvent et leur fournir un feedback correctif si nécessaire (par exemple, si un élève lit /fèm/ pour femme, lui dire : Ce mot se prononce /fam/.). Il s'agit ainsi d'encourager chez les élèves une reconnaissance de ces mots en tout cas en partie par voie d'adressage.

Mots irréguliers

- monsieur
- e dans femme, évidemment, apparemment, fréquemment...
- eu dans j'ai eu, tu as eu...
- ai dans nous faisons, vous faisiez...
- x dans dix, six, soixante, dixième, sixième, deuxième...
- en dans agenda, examen, appendicite...
- er dans mer, fer, hier, amer, fier, hiver, enfer...
- et dans cet, net, internet...
- s dans parasol, tournesol, contresens, vraisemblable...

- ill dans ville, mille...
- gu dans aiguille, jaguar, iguane, légume, lagune...
- qu dans piqure, adéquat...
- y dans pays, paysan, paysage...
- ch dans écho, chorale, orchestre, technique, chronomètre, chrétien...
- c dans second, seconde...
- /euil/ qui ne s'écrit pas « euil » : cueillir, cueillette, accueillir...
- gn dans diagnostic
- u dans cacahuète

Mots contenant des CGP rares

- œu : sœur, œuf (et œufs), bœuf (et bœufs), cœur, nœud...
- œil (et yeux)
- ck : ticket
- q : coq, cinq
- ed : pied
- ey : poney, hockey
- aon : paon, faon, taon
- yn : synthèse
- ym : symbole

Mots contenant des CGP méritant des précisions

Lettres finales

1. Lettres muettes en fin de mot

- Le **s** est majoritairement **muet** en fin de mot (dans environ 96 % des cas) : mais, radis, souris, alors, dedans, nous, vous, anglais, envers, frais, depuis, fois, bois, sans, cours, pays...
→ mais il est parfois sonore : bus, jadis, cactus, fils...

- Le **t** est très majoritairement **muet** en fin de mot (dans environ 99 % des cas) : vent, trot, tôt, puissant, tant, surtout, saut, parfait, souhait, sport...
→ mais il est exceptionnellement sonore dans foot, en fait, aout, zut, test, tact...

- le **d** est très majoritairement **muet** en fin de mot (dans environ 99 % des cas) : accord, nid, rond, lard, grand, lourd, renard, lézard, tard, brouillard, froid, retard, quand, plafond, nord...
→ mais il est exceptionnellement sonore dans sud, bled...

- Le **p** est très majoritairement **muet** en fin de mot (dans environ 99 % des cas) : loup, beaucoup, galop, trop, sirop, coup, drap...
→ mais il est exceptionnellement sonore dans cap, stop, slip...

• Le **g** est majoritairement **muet** en fin de mot (dans environ 96 % des cas) : poing, shampoing, sang, bourg...
→ mais il est parfois sonore : gag, zigzag, parking...

2. Lettres sonores en fin de mot

• Le **c** est majoritairement **sonore** en fin de mot (dans environ 92 % des cas) : bec, sec, bac, lac, sac, arc, arsenic, hamac, grec, syndic, trafic, flic, fennec...
→ mais il est parfois muet : blanc, banc, tronc, croc, porc, estomac, tabac...

• Le **l** est très majoritairement **sonore** en fin de mot (dans environ 99 % des cas) : cheval, seul, bal, lequel, chenil, nombril, persil, sourcil, avril, cil, civil, fil, péril...
→ mais il est exceptionnellement muet dans gentil, fusil, outil...

• Le **f** est majoritairement **sonore** en fin de mot (dans environ 99 % des cas) : objectif, adjectif, canif, tardif, tarif, bof, œuf, veuf...
→ mais il est occasionnellement muet dans nerf, cerf...

3. Mots contenant deux lettres muettes en fin de mot (au singulier)

• ct : respect, instinct...

• ps ou ds ou ts : temps, poids, puits...

Mots contenant une lettre muette avant la fin du mot

• sept, doigt, fils, compter, longtemps, automne, aout, vingt...

Autres mots

• sc (*cf.* règle du c) :
  – science, descendre, piscine...
  – scolaire...

• cc (*cf.* règle du c) :
  – accord...
  – accent, vaccin, accident...

• gg (*cf.* règle du g) :
  – aggraver...
  – suggérer...

• x :
  – taxi, vexer, texte...
  – exercice, exemple...

• um :
  – parfum
  – maximum, minimum, album, aluminium...

• patient, patience, impatient, impatience, patiemment...

Mots provenant de langues étrangères

• foot, cool mais alcool, zoo

• parking, weekend, sandwich, bowling, chewing-gum, steak, hamburger, barbecue, cake, clown, goal, skate...

• pizza, carpaccio...

Direction éditoriale : Céline Lorcher
Édition : Petra Treuer
Correction : Bérengère De Rivoire
Couverture et création maquette : Cécile Rouyer
Adaptation maquette et mise en pages : STDI
Illustrations : Émilie Graébling

Ce livre est conforme à la nouvelle orthographe
www.orthographe-recommandee.info

Cet ouvrage suit l'orthographe recommandée par les rectifications de 1990 et les programmes scolaires. Voir le site http://www.orthographe-recommandee.info et son miniguide d'information.

N° de projet : 10304981
Achevé d'imprimer en Belgique en octobre 2024 sur les presses de l'imprimerie Snel.